Hans Hoffmann

Wider den Kurfürsten

Hans Hoffmann

Wider den Kurfürsten

ISBN/EAN: 9783744632881

Hergestellt in Europa, USA, Kanada, Australien, Japan

Cover: Foto ©ninafisch / pixelio.de

Weitere Bücher finden Sie auf **www.hansebooks.com**

Wider den Kurfürsten.

Roman

von

Hans Hoffmann.

Dritter Band.

Berlin.
Verlag von Gebrüder Paetel.
1894.

Neunundzwanzigstes Kapitel.

Es war Nacht geworden.

Alles was das Hogenholtische Haus an Leben beherbergte, war in die Keller geflüchtet. Aus Kissen und Säcken und allerlei Bettzeug bereitete sich Jeder seine Lagerstätte, so gut es anging; doch auf ruhigen Schlaf mochte schwerlich Einer hoffen. Alle blieben angekleidet und harrten zitternd auf ein Ende dieses Schreckens.

Doch es gab kein Ende. Unaufhörlich, ununterbrochen donnerten die Bomben, und mit schauriger Gleichmäßigkeit scholl der heulende Lärm durch die Straßen.

Unten im Keller herrschte eine dumpfe Stille; nur ein leises Stöhnen und Wimmern starb niemals ganz aus; unterdrückte Schreckensrufe zuckten immer wieder auf wie trübe Flammen aus einem Aschenhaufen.

Um Mitternacht erhob sich Ursula lautlos von ihrem Lager und tastete sich vorsichtig schleichend

Schritt für Schritt an den Wänden hin, bis es ihr gelang, unbemerkt die Treppe zu erreichen, die nach dem Hausflur hinaufführte. Auch diesen erreichte sie durch die offen stehende Fallthür und konnte nun kräftiger weiterschreiten, so gut es die Finsterniß gestattete.

Sie stieg die Haupttreppe hinauf: als sie endlich die Saalthüre öffnete und hastig hineintrat, schlug ihr eine schauerliche Helle jäh blendend entgegen. Sie stürzte ans Fenster und sah grade vor sich über dem Rathhausgiebel eine ungeheure Riesenfackel in fürchterlicher Herrlichkeit gen Himmel lobern. Der Nikolaikirchthurm stand in vollen Flammen.

Mit entsetzten zugleich und entzückten Augen starrte sie eine lange Zeit wie verzaubert auf das unerhörte Schauspiel; nicht ohne Anstrengung riß sie sich endlich los und spähte in dem so grell erleuchteten Saale umher.

Ein greulicher, unheimlich widriger Anblick bot sich ihr dar. Der Saal und die Festtafel sah aus, als sei wirklich eine Bombe hineingefahren. Ein Theil der Tische war umgeworfen und hatte seine Belastung, Schüsseln und Teller und kostbare Geschirre und Silbergeräthe in unsäglichem Wirrwarr und zumeist in Scherben weit umhergestreut; dazwischen befleckten Speisereste und breite Lachen vergossenen Weines den Fußboden. Stühle lagen umgestürzt in so mannigfachen Stellungen und so tollem Durcheinander, daß es in dem lobernden Feuerschein aussah, als ob sie sich bewegten und in lautlosem Ingrimm einen gespenstischen Kampf ausföchten. Auch Tücher und Handschuhe, Kleiderfetzen und selbst verlorne Schuhe waren in wilder Unordnung traurig umhergesäet. Das ganze trübselige und abscheuliche Bild bot den Anschein eines immer fortwirkenden entsetzlichen Lebens.

Ursula schloß schaudernd die Augen; dann ermannte sie sich und begann mit ängstlichem Eifer etwas zu suchen. Mit einem leisen Freudenruf entdeckte sie es endlich unter einem Haufen Scherben: ihren Myrthenkranz, der ihr in der wilden Aufregung unbemerkt vom Kopfe gefallen sein mußte. Sie nahm ihn an sich und verließ nun eilig den Saal, um sich in ihr Zimmer zu begeben, das sie als Mädchen bewohnt hatte. Auch hier leuchtete die große Fackel.

Sie fand ihr Schreibzeug, setzte sich und schrieb einen Brief an ihre Eltern des kurzen Inhalts:

„Geliebte Eltern, ich kann nicht bleiben. Wir sollen ja Vater und Mutter verlassen und — nein, ich gehe nicht zu ihm, der mich verstoßen hat. Ihr dürft nicht denken, daß ich Euch Trotz biete, daß meine Liebe Euch nicht mehr ganz und von Herzen

1*

gehöre. Ach, Ihr wißt nicht, wie fürchterlich es mir ist, so ohne Abschied von Euch zu scheiden. Aber ich darf auch ihm nicht trotzen, der fortan mein Herr sein soll; das thäte ich, wenn ich hier im Hause bliebe, als wäre ich noch ein Mädchen. Ich flehe Euch an, nicht nach mir zu suchen; ich will mich verbergen, wo auch er mich nicht finden kann, bis die Zeit gekommen ist, da ich mich ihm wieder zeige: und dann auch Euch, meine geliebten Eltern. Ich hoffe zu Gott, solche Zeit wird kommen. Ich sehe sie nahen: wir alle werden uns wiedersehen, versöhnt und glücklich. Verzeiht mir heute. Ich kann nicht anders. Eure betrübte Ursula."

Sie verschloß den Brief und bezeichnete ihn mit dem Namen ihres Vaters. Dann legte sie die Fest=kleider ab, die sie noch getragen, zog ein dunkles einfaches Gewand an, warf ein Tuch darüber, auch den Kopf umhüllend, und machte sich ein Bündel zurecht aus allerhand unentbehrlichen Sachen.

Als sie in der Truhe kramte, fiel ihr der Eisen=stab in die Hände, den sie dort verwahrte. Mit einem leisen, sehr wehmüthigen Lächeln schob sie ihn zurück.

Als sie die Ausrüstung vollendet hatte, stieg sie wieder die Treppe hinab. Nahe der Fallthür des Kellers legte sie ihren Brief so nieder, daß der erste

Heraufkommende ihn finden mußte, öffnete nun die Hausthür und trat ins Freie.

Wieder erschrak sie heftig vor der wilden Helle auf dem weiträumigen Marktplatz und vor dem verworrenen Getöse, das nun mächtiger erdröhnte; doch der Platz war leer. Sie zog ihr Tuch fest vor dem Gesicht zusammen, daß Niemand sie erkennen konnte, und huschte in scheuer Eile hinter dem Brunnenhause hin an den Mauern entlang, bis sie einen Blick in die Frauenstraße gewann.

Dort aber war Alles voll wimmelnden Lebens; eine große Anzahl Spritzen war in emsiger Thätigkeit, und Hunderte von Menschen rannten in fieberhafter Eile umher mit Eimern und andern Geräthen. Es galt offenbar die Kirche und das anstoßende Rathhaus zu retten, da der Thurm verloren war.

Sie konnte dort nicht hindurch, ohne gesehen und vielleicht doch erkannt zu werden; sie mußte einen andern Weg einschlagen.

„Er wird dabei sein!" flüsterte sie zitternd. „Er ist überall dabei. Und er würde mich erkennen."

Sie lief nun unter dem Querbogen hindurch in die enge Schuhstraße hinein. Hier war die Helle etwas gemildert, und sie schritt ruhiger den steilen Weg aufwärts. Aber desto vernehmlicher tönte immer wieder das gräßliche Krachen und Poltern, meist in einiger Ferne, doch dann auch einmal in fürchterlicher Nähe; dazwischen Jammer- und Angstgeschrei mißtönig von allen Seiten.

Wo der Weg sich gabelt und sie zur Rechten in die Fuhrstraße einbiegen wollte, thürmte sich ihr plötzlich eine dunkle Masse breitlagernd entgegen. Der Giebel eines Hauses war zusammengestürzt und quer über die Straße gefallen. Zwei große Hunde standen oben darauf und stießen ein langgezogenes, markerschütterndes Geheul aus.

Tief durchschaudert hemmte sie ihren Schritt; doch dann klomm sie entschlossen den wüsten Schutthaufen hinan. Plötzlich ward das Hundegeheul übertönt durch ein schrilles Aufkreischen dicht neben ihr. Sie beugte sich nieder und entdeckte in dem matten Lichtschein einen halbwüchsigen Knaben, dessen Beine unter mürbem Gebröckel begraben waren, während der Oberkörper frei lag. Ohne Zaudern machte sie sich daran, mit ihren zitternden Händen den Schutt von ihm wegzuräumen, indessen er sich winselnd vor ihr wand und krümmte.

Während der qualvollen Arbeit schlug eine Bombe in der Fuhrstraße nieder und zerplatzte. Ursula hörte in ihrer Mühsal kaum das Krachen und Prasseln und das Klirren zerschmetterter Fensterscheiben; aber der Knabe that vor Schreck einen gewaltsamen Ruck,

und es gelang ihm, die Beine von der erleichterten
Last zu befreien. Er vermochte sogar alsbald auf=
zustehen, und es zeigte sich, daß er gar keine ernst=
liche Verletzung erlitten hatte. Desto schrecklicher nur
fing er jetzt an zu brüllen und vorwärtsstolpernd in
wahnsinniger Hast die Flucht zu ergreifen. Ursula
wollte ihn festhalten, damit er in dem Getrümmer
nicht gefährlich stürzte; doch er schlug wüthend nach
ihr und entrann, um alsbald kopfüber in die Tiefe
zu kollern. Unten stand er sogleich wieder auf und
rannte wie besessen die Fuhrstraße entlang.

Ursula folgte ihm langsam, sich an den Häusern
hindrückend. Nur an der Stelle, wo die Bombe
krepirt war, beschleunigte sie plötzlich ihre Schritte.
Mehrere Menschen liefen an ihr vorüber, in schwere
Decken vermummt, Betten über den Kopf gezogen,
scheu und schweigsam.

Sie gedachte zur Rechten den Altböterberg wie=
der hinabzugehen; doch auch da blickte Feuerschein
von der Frauenstraße herauf, und lärmvolles Treiben
der Löschmannschaften wogte vorüber.

Sie ging noch eine Strecke weiter in gleicher
Richtung, durch die Ritterstraße an der hohen Mauer
des Schlosses hin; aus dem Hofe klang herzzerreißend
das Wehegeschrei der Verwundeten; dann endlich
konnte sie rechts einbiegen und durch den engen

Durchgang zwischen Schloß und Stadtmauer und die Junkerstraße hinab an die Oder gelangen.

Nichts hielt sie auf diesem Wege mehr auf; nur einmal stieß sie an einen leblosen dunkeln Körper, daß sie fast darüber hingestürzt wäre; es war die blutige Leiche einer Frau, schon kalt und starr. Jäh zurückprallend lehnte sie sich gegen die nächste Wand und blickte mit ihrem Schauder ringend starr zum Himmel empor, wo die schrecklichen Feuerbälle wieder und wieder an den ruhigen Gestirnen vorüberglitten.

Endlich bezwang sie sich selbst und beschleunigte wieder ihren Lauf.

Am Bollwerk ward ihr ein neuer Anblick von grauenvoller Schönheit: ein großes Schiff stand in hellem Brande; wie an Zündfäden schossen die Flammen an den Masten und dem Takelwerk in die Höhe. Blutrother Widerschein floß breit über das stille Wasser; mitten auf dieser lodernden Fläche schoß eine Anzahl kleiner Boote hastig hin und her, die sich dem Schiffe zu nähern versuchten; herabschießende Feuerbrände und Eisentheile machten die Bemühungen gefährlich.

Endlich gelang es einem kühnen Schiffer, ungeschädigt an das Schiff heranzubringen; hier hart unter der gekrümmten Wandung des Rumpfes war er besser geschützt und begab sich an die Arbeit, diesen unter dem Wasserspiegel anzubohren.

Regungslos, mit hochklopfendem Herzen blickte Ursula dort hinüber; denn sie glaubte zu erkennen oder doch zu ahnen, wer jener Schiffer sei. So harrte sie schauend und wich nicht vom Platze.

Eine Bombe fiel vor ihren Augen mitten in die Oder; ein mächtiger Sprudel wallte hoch empor, von den Flammen glühroth übergossen; dann wälzten sich Wellenringe weit nach allen Seiten.

Das brennende Schiff sprühte Funken und flammende Scheite umher wie unerschöpfliche Feuerbrände. Die Gefahr für andere Schiffe und auch für die Häuser am Bollwerk ward immer dringender.

Endlich war dem verwegenen Manne sein Werk gelungen; mit scharfen Ruderschlägen entfernte er sich von dem verlorenen Fahrzeuge und näherte sich dem Bollwerk. Jetzt sah sie, sie hatte Recht gehabt: es war Jürg Wichenhagen.

Sobald sie dessen sicher war, fiel alle Furcht seltsam von ihr ab, und eine tiefe und erquickende Ruhe kam über sie. Nur als er dem Bollwerk näher kam, flüchtete sie sich in die gedämpfte Helle der nächsten Querstraße und sah von dort aus noch eine Weile zuschauend, wie das feuerspeiende Schiff sich langsam auf die Seite legte und die flammenden Masten tiefer und tiefer senkte, ganz wie ein lebendes Geschöpf, das sehnsüchtig seine Brandwunden im Wasser zu kühlen trachtet. Und dann plötzlich versank es, wie von einer Riesenhand hinabgezogen, unter ungeheurem Zischen, sonst aber ruhig und feierlich unter dem Wasserspiegel. Nur das Verschwinden des schönen Widerscheins auf der Fluth empfand das Auge schmerzlich.

Ursula floh weiter die Fischerstraße hinauf, bis sie endlich nach so weitem Umwege von unten her den Fischmarkt erreichte.

Hier war schöne Ruhe, keine Kugel schien diese Gegend getroffen zu haben, und kein Haus brannte; so herrschte fast ein freundliches Halbdunkel.

Von der andern Seite des Marktplatzes herüber drang ein friedlicher warmer Schein wie der Gruß eines gastlichen Auges: das war die Schmiede des alten Tobias; und dieser näherte sie sich nun in vorsichtiger Eile.

Sie sah von draußen, daß er ganz allein am Feuer bei der Arbeit war; er hatte soeben eine mächtige Stange mit einem Haken an der Spitze vollendet und legte die bei Seite. Hastig trat sie nun ein und begrüßte ihn unter heißem Erröthen.

Er schlug vor Erstaunen die großen Hände zusammen, bewahrte aber sonst seine behäbige Ruhe.

„Sie hier, Jungfer Ursula!" rief er beinahe freudig, „na, das muß was bedeuten."

„Wissen Sie schon, was geschehen ist?" fragte sie ängstlich.

Er nickte gelassen: „Mein Schlingel hat gebeichtet."

„Dann will ich weiter beichten," sagte sie still aufathmend. „Ich habe meine Eltern heimlich verlassen. Wenn es unrecht ist — ich konnte nicht anders."

„Ich kann kein Unrecht drin finden," sagte er behaglich, „Mann und Frau gehören zusammen, in Feuer und in Wasser."

„Er und ich noch nicht," sagte sie betrübt, „wir verstehen uns noch nicht, und es kann sein, daß ich die Schuld trage. Ich verstehe mich ja selbst nicht; mir scheint Alles unbegreiflich, was ich selber thue. Ich kann nur nicht anders. — Ich muß mich auch vor ihm verbergen. Schwören Sie mir, Meister Wichenhagen, mich nicht zu verrathen."

Mit einem stillen Lachen streckte er ihr die breite Hand entgegen. „Tobias Wichenhagen verräth keinen Menschen, am wenigsten aber die Jungfer Ursula, erstens weil sie solch' niedliches weiches Pätschchen hat, und zweitens weil sie doch nun gleichsam sein Enkelkind ist. Bei mir sind Sie sicher."

„Und bei Ihnen möchte ich bleiben," versetzte sie schnell, „wenn es irgend angeht, daß kein Mensch davon erfährt. Das hatte ich mir vorgesetzt. Wohin sollte ich sonst? Bei meiner Freundin Margarethe Bernhagen würde man mich suchen, sie könnte mich kaum verstecken. Und dann: ich weiß nicht, wie sie jetzt immer ist; sie redet so sonderbar von ihrem Manne und wie sie mit dem umgeht; ich möchte das nicht den ganzen Tag über hören, es klingt mir so kalt und fremd. Und ja, überhaupt, ich wäre da doch immer in einem fremden Hause, und davor fürchte ich mich. Hier ist das anders."

„I sehen Sie mal," rief Tobias vergnüglich, „also hier sind Sie zu Hause? Das ist hübsch, das gefällt mir."

„Eigentlich bin ich's wohl nicht," sagte sie leise erröthend mit einem Seufzer, „aber ich habe doch ein bißchen so das Gefühl davon; so als wenn ich hierher gehörte. Läßt es sich wohl machen, Meister Tobias, daß ich hier eine Zeit lang verborgen bleibe in irgend einem Kämmerchen oder Verschlage?"

Der Alte strich sich bedächtig den großen Bart. „Machen lassen — was soll sich's nicht machen lassen? Schön haben Sie's hier nicht: aber wo haben Sie's jetzt schön? Bei Muttern würden Sie jetzt auch bloß im Keller hocken, so lange der Kurfürst die Schießerei nicht läßt, und Keller ist Keller, der ist beim reichsten Kaufmann nicht mit Sammet und Seide tapeziert. Also darum da können Sie schon bleiben; und wenn das Knallen ein bißchen sachter wird und mein Haus noch steht, wird sich auch ein Stübchen finden, ein ganz feines Stübchen; das ist Alles zu machen. — Aber nun sagen Sie mir bloß eins: warum wollen Sie sich nicht lieber gleich mit meinem Jungen vertragen? Das ist doch viel einfacher. Es ist 'ne alte Regel: Pack schlägt sich, Pack verträgt sich. Und das gilt vornehmlich für junges Ehevolk; bloß passirt es meist nicht schon gleich so am Hochzeitstage. Vertragen Sie sich, Jungferchen, Sie sind ihm ja nicht mal mehr richtig böse."

"Aber er ist mir böse und hat ein Recht dazu!" rief sie ängstlich auffahrend, "als er mich ansah mit seinem schrecklichen Blicke, da ist mir diese Gewißheit ins Herz gefahren. Dieser eine Augenblick hat Alles in mir verwandelt. Ich habe ihm Unrecht gethan. Ich muß ihn erst lieben lernen."

"Ach, Unsinn," versetzte Tobias gemüthlich, "wenn das noch groß nöthig wäre, würden Sie nicht bei Nacht und Nebel und Bombengeschmeiße durch die Straßen laufen und einem groben alten Grobschmied auf die Bude rücken: das reden Sie man einem Andern vor, der immer noch ein bißchen dickköpfiger ist als ich. — Kommen Sie, Kindchen, ich bring' Sie da 'rüber; und da brauchen Sie in seinem Hause nicht mal in den Keller zu kriechen; er hat ein paar schöne feste Gewölbe über der Erde, die halten schon etliche Bomben aus. Und da lassen wir Betten aufschlagen, wenn die nicht schon drin sind, und Sie legen sich da 'rein und schlafen sich ein bißchen aus. Und wenn dann mein Jürg nach Hause kommt von dem großen Schmiedefeuer, bei dem er jetzt arbeitet, dann ist Alles in Ordnung."

Ursula schauderte zusammen.

„Schweigen Sie!" rief sie heftig, „oder ich laufe Ihnen wieder fort. Ich kann nicht die Frau eines ganz fremden Mannes sein. Ich muß ihn erst verstehen lernen. Aber sagen Sie mir, Großvater Tobias, verstehen Sie ihn denn ordentlich? Können Sie mich belehren? Warum treibt er diese wilde Arbeit in der blutigen Schmiede? Begreifen Sie das? Warum tobt er gegen den Kurfürsten, den er liebt und verehrt? Wie kann er all den Jammer in der Stadt so mit ansehen, da er's doch enden könnte vielleicht mit einem Worte? Können Sie das erklären? Einige freilich sagen, er thue es dem Fräulein von Wulffen zu Liebe. Aber kann das wahr sein? Oder wenn es wahr ist, wie kann dann ich seine Frau werden? Niemals, so lange ein anderes Weib ihm mehr ist als ich!"

„Lassen Sie sich doch keine Raupen in den Kopf setzen, Jungferchen," fiel Tobias mit Nachdruck ein, „mein Jürg thut einem Frauenzimmer wohl Manches zu Liebe: aber so was doch nicht. Nicht mal einer Liebsten und nicht mal einer Hausfrau: auch Ihnen nicht, Ursula, da seien Sie ganz ruhig. In großen

Dingen hat er allemal stramm seinen eigenen Kopf."

„Ich glaub' es auch nicht, daß die Rede wahr ist," gestand sie mit einem Seufzer der Erleichterung, „aber eben darum begreife ich ihn erst recht nicht."

„Na, das ist schließlich doch sehr einfach," erklärte der Alte, „nämlich zum ersten ist es seine verfluchte Bürgerpflicht; daran ist nicht zu rütteln. Und zum zweiten ist dieser Musjeh Kurfürst ein oller Heide, denn er glaubt an keinen Luther: aber die Wahrheit zu sagen, das ficht den Jürg nicht sehr an, denn ein richtiger Christ ist er eigentlich auch nicht, wie der so in der Bibel steht und wie die Pastors ihn haben wollen. Und ich bin es zwar auch nicht, weil man es da zu sehr mit der Sanftmuth halten muß und solchen Geschichten; und das ist nicht mein Fall, ich hau' lieber mal drein. Aber dann nun zum dritten ist der Kurfürst ein verrufener Tyrann, der gar zu gern den Leuten an ihre Privilegien geht, wie die Katze an den Milchtopf: und solche Naschkatzen können wir Bürger für den Tod nicht ausstehen. Aber wieder muß ich sagen: auch das geht dem Jürg nicht so richtig zu Herzen, denn er pfeift auf die Privilegien und sagt, es wär' alter Perrückenkram. Dafür müßte er Prügel haben, aber helfen thäten die auch nicht, er sagt's nachher doch wieder, schon ganz allein, um die Herren vom Rath ein bißchen zu ärgern."

„Ja wohl!" warf Ursula entrüstet dazwischen, „aber das ist eben abscheulich."

„Drum soll er auch Prügel haben," bemerkte Tobias mit etlichem Schmunzeln, „nu bleibt aber noch das Letzte, und das ist die Hauptsache: nämlich wenn mein Jürg sich was Großes vornimmt, so wie jetzt das mit dem Kriegführen, dann hat er dabei allemal seinen ganz besonderen Gedanken."

„Und welches ist der?" rief Ursula hastig mit erregtem und begierigem Blicke.

„Ja, wenn ich das wüßte!" sprach Tobias behaglich die Achseln zuckend. „Man weiß doch nicht Alles. Man will es auch garnicht wissen. Da mische ich mich nicht drein; das ist sein Geheimniß."

Ursula erseufzte in schwerer Enttäuschung.

„Ich aber muß dies Geheimniß ergründen!" rief sie dann leidenschaftlich. „Und ich will es und werde es. Ich will ihn begreifen lernen. Und ehe mir das gelungen ist, darf ich ihn niemals sehen, niemals, unter keinen Umständen! So lange bleibe ich hier, wenn Sie mich behalten wollen, Großvater, und mich Niemanden verrathen — am allerwenigsten ihm."

„Na, mir kann's recht sein," sagte Tobias und nahm ihre Hand vorsichtig zwischen die seinen, „und wenn Einer eine Dummheit sich so in den Kopf setzt und solchen Ton anschlägt wie Sie so jetzt eben,

dann weiß ich genau, mit dem ist nichts mehr auf=
zustellen, der ist ein pommerscher Dickschädel. Also
bleiben Sie immer, so lange Sie mögen; ich will
für Alles sorgen. Ich hab' die Gesellschaft von
hübschen jungen Weibern all meine Lebtage gern
gehabt. Und Sie können mir ja auch mal wieder
schmieden helfen — wissen Sie noch? Sehen Sie,
jetzt mache ich hier lauter lange Haken, um die Brände
auseinander zu reißen; die fehlen den Leuten. — Na,
Sie haben ja aber vorläufig noch was anders zu
schmieden," fügte er lachend mit einem schlauen Blicke
hinzu.

Sie seufzte erröthend.

„Kann man ihn wohl manchmal hier vorüber=
gehen sehen?" fragte sie dann schüchtern.

„Natürlich, das kann man!" sagte er vergnügt,
„und hören sogar auch. Aber zur Zeit wird man
ihn wohl meist ein bißchen fluchen hören, denn anders
wird er mit der Schwefelbande nicht fertig."

„Also ich darf hierbleiben?" fragte Ursula noch
einmal.

Dreißigstes Kapitel.

Es war Morgen und wieder Abend geworden, die Schrecken der Beschießung fanden kein Ende und keine Unterbrechung. Ruhelos donnerten die Geschütze, krachten Bomben und Brandkugeln, ruhelos loderten neue Brände auf, stürzten Giebel und Häuser zusammen, ruhelos hallte das Wehgeschrei der unglücklichen Opfer. Ohne Rast arbeiteten die Männer an den Spritzen.

In einem abgetrennten Kellerraum mitten unter Weinfässern und Flaschenbrettern saß Jeremias Hogenholt mit seiner Hausfrau. Die Scheiben des Fensters, das nach dem Markte hinausging, waren zertrümmert, der Lärm drang in fast ungebrochener Schärfe herein.

Jeremias saß tief gebeugt und still brütend, sein schöner Kopf sah gealtert und müde aus; ein volles Weinglas stand vor ihm, doch er ließ es unangerührt.

„Mein Kind, mein Kind," stöhnte er jetzt wieder einmal auf, „wo kann unser Kind sein? Ich bin sicher: unter den Todten."

„Sie ist in Gottes Hut," entgegnete seine Frau, die gleichfalls blaß war, doch von frischerer Haltung, „ich hege einen wunderbaren Glauben an ihre Rettung und an ihr Glück; ich weiß nicht, woher ich den habe; seit ihrem Briefe kam es so über mich."

„Du spottest Deiner selbst, Christine," sagte Jeremias düster, „Du willst Dich künstlich hinwegtäuschen über Deine Sorgen. Das ist ein thörichtes Beginnen, das auf die Dauer keinen Halt giebt. Wie kannst Du Gutes hoffen? Alle Nachforschungen vergeblich, nirgends in der Stadt auch nur die leiseste Spur — Verwandte und Freunde alle in gleichem Schrecken um ihretwillen —"

„Eben daraus schöpfe ich meine Hoffnung," versetzte sie ruhig, „ein Unglück, das ihr zugestoßen wäre, könnte nicht so verborgen bleiben. Die Todte würde man finden. Sie lebt und ist in Sicherheit. Ihr Brief läßt mich Vieles ahnen."

„Mich auch, Christine — leider," fiel er bitter ein, „wenn sie lebt, ist sie doch todt für uns. Sie kann nur dort sein, wo wir sie nicht suchen konnten: sie hat sich weggeworfen an jenen Elenden."

„Lieber Jeremias," sprach Frau Christine sanft, doch mit großem Ernst, „ich bitte Dich immer zu bedenken, daß Du von dem rechtmäßigen Gatten Deiner Tochter, unserem Schwiegersohne, redest. Es thut nicht gut, sein eignes Haus zu beschimpfen, auch nicht vor sich selber."

Hogenholt biß die Zähne zusammen.

„Es wird nicht so bleiben," murrte er ingrimmig, „er beschimpft mein Haus, nicht ich ihn. Es muß ein Mittel geben, diesen Flecken wieder zu tilgen."

„Was Gott zusammengefügt hat, soll der Mensch nicht scheiden," sagte sie fest, „unser Kind wird das Loos tragen müssen, das es selbst sich gewählt hat, wie wir alle es tragen, Gutes und Böses. Und überdem: dieser Mann hat Fehler, vielleicht schwere Fehler, die ich schmerzlich empfinde; aber ein Elender, ein Mensch, den man beschimpfen darf, das ist er wahrlich nicht."

„Ich weiß, Du hast ihn immer vertheidigt," rief er sehr verdrießlich, „ja, Du hast ihn mir aufgedrängt, Du am allermeisten, weil eine Weiberlaune Dich für ihn einnahm; natürlich: eine schlanke Gestalt, ein keckes braunes Gesicht mit muntern Augen, so etwas kann er ja aufweisen."

„Ich fügte mich einem Schicksal, vor dem ich kein Entrinnen sah — wie ich meine Tochter kenne. Einem inneren Schicksal, lieber Jeremias."

„Weibergeschwätz. Wenn ich mich recht erinnere, band sie vordem so ein inneres Schicksal an keinen Geringern als den Kurfürsten von Brandenburg. Warum gab es vor diesem denn ein Entrinnen?"

„Eine süße kindliche Schwärmerei mag leicht der Vorbote einer ernsten Leidenschaft sein. Jene duldete ich lächelnd: diese freilich erkannte ich selbst erst, als es zu spät war, sie zu bekämpfen. Sonst hätte ich sie bekämpft, dessen kannst Du sicher sein. Denn mit Bangen erfüllte dieser Mann auch mich, er hat etwas Gefährliches in seinem Wesen. Zwar will ich nicht leugnen, es spricht sehr Vieles für ihn in meinem Herzen. Ich kann ihm nicht sehr zürnen, ihm nicht völlig mißtrauen — es ist vielleicht eine geheime Erinnerung, die mich so besticht — Jeremias, weißt Du, er erinnert mich an meinen Vater."

„Und das sagst Du selbst?" fragte Hogenholt in großem Erstaunen, „und das besticht Dich? Und solchem Manne vertraust Du Deine Tochter? — Nun ja, ich will bekennen, diese Erinnerung ist auch mir gekommen. Sie sprach aber wahrlich nicht zu seinen Gunsten."

„Ich kann das begreifen," sprach sie leise mit feuchten Augen. „Und doch urtheiltest Du immer ungerecht über meinen Vater. Es ist ja wahr, ihn trifft mancher Tadel, sein Leben war regellos, er hat sich selbst zu Grunde gerichtet, er starb vorzeitig unter Qualen der Reue —"

„Ist das nicht genug?" unterbrach sie der Hausherr, „da hast Du das Wittwenschicksal, das Deine Tochter erwartet."

„Ihr habt nur niemals nach den Ursachen gefragt," entgegnete sie sanft, „die meinen unglücklichen Vater so weit getrieben haben. Er war kein verlorener Mensch so von Hause aus. Ich kenne keinen unter unsern älteren Herren, der nicht mit Liebe von meinem Vater spräche, wie er in seiner Jugend war: ein Mann von unwiderstehlichem Wesen, so sagen sie alle, voll Witz, Geist, Feuer und Frische, auch voll rascher Thatkraft, wenn es darauf ankam, für Viele eine frohe Hoffnung für die Zukunft —"

„Und von grenzenlosem Leichtsinn," ergänzte Hogenholt mürrisch.

„Nein! Von leichtem Sinn, von sorgloser Heiterkeit, von übermüthiger Laune. Noch nicht sehr viel mehr. Er stieß einmal an und machte es schnell wieder gut. Viele tadelten ihn, Niemand zürnte ihm ernstlich. Er hat meine Mutter sehr glücklich gemacht."

„Und seine zweite Frau sehr unglücklich," betonte Jeremias.

„Ja," sagte Frau Christine leise, „und die war eine Hogenholt. Es liegt Keinem ferner als mir, etwas Uebles von ihr zu sagen; sie hat mich redlich gepflegt und erzogen, sie hat mich aus dem großen Unglück in Deine Arme gerettet, sie war eine fromme und tüchtige Frau."

„Sie war ein Muster aller Tugend," bestätigte Hogenholt.

Christine seufzte.

„Nur einer allzu gelassenen Tugend. Das war ihr Unglück. Sie konnte meinen Vater niemals verstehen. Er war anders als sie, und sie konnte nicht begreifen, wie Jemand anders sein durfte, als die Hogenholtische Regel verlangte."

„Sie hat ihn mit allem Ernste zu bessern gesucht," belehrte Jeremias.

„Erreicht hat sie leider das Gegentheil," versetzte Frau Christine beinahe spitz, „sie hat so unermüdlich an ihm gemäkelt und geschuhriegelt und genörgelt und belehrt und erzogen, bis er endlich ausbrach wie ein wildes Pferd, das von Bremsen geplagt wird. Er ertrug die Luft im Hause nicht mehr; er hatte ohnehin ein Bedürfniß nach frischerer Geselligkeit, als er sie in dem ehrbaren Kreise der neuen Verwandtschaft zu finden vermochte, er mußte manchmal wild ausschlagen und Sprünge machen, wie er selber zu scherzen pflegte in seinen guten Tagen. Es war das vielleicht ein gefährlicher Trieb; und doch hatte er ihn immer rechtzeitig zu zügeln gewußt: erst als er ganz unterdrückt werden sollte, wurde er zur Leidenschaft, die wie ein gestauter Strom über die Ufer trat und ihn selbst und das Glück seines Hauses mit hinwegschwemmte."

„Er ist verlottert in Spiel und Trunk und Gott weiß, welchen Lastern mehr," sagte Jeremias schroff, „er hinterließ eine Wittwe, die er um Frieden und Segen betrogen: welches andere Schicksal siehst Du für Deine eigene Tochter voraus?"

„Frieden und Segen, wenn Gott ihr hilft und sie sich selber," entgegnete die Hausfrau mit einer leisen Freudigkeit, „sie hat etwas von ihrem Großvater, das wird ihr zu Gute kommen. Und dann vor Allem — sie liebt ihren Mann."

„Bis sie erkennt, daß der Mann ihrer Liebe nicht werth war," bemerkte Hogenholt, „und das kann nicht ausbleiben. Ich kenne keinen Mann, der mich so abstößt wie dieser. Und sie ist meine Tochter."

„Sie ist auch die meine und meines Vaters Enkelin," sprach sie mit einem schüchternen Lächeln, „sieh, Jeremias, Du bist nicht gewohnt, daß ich Dir widerspreche; ich weiß, es giebt Leute, die mich darum tadeln, daß ich gar so schweigsam Deinem Willen mich füge; ich will nicht untersuchen, ob etwa ein Körnchen Wahrheit in dem Tadel ist; aber konnte ich anders nach dem, was ich von meinem Vater erlebt hatte? Ich zitterte davor, Dir Dein Haus zu verleiden. Diesmal aber widerspreche ich Dir doch. Ich glaube Gutes von diesem Manne. Er ist mir unverständlich wie Dir zu einem guten Theile: und doch habe ich die Ahnung: es steckt etwas in ihm, das meine Tochter glücklich machen wird. Meine Mutter ist auch glücklich gewesen: sie selbst ist meine Zeugin in dem herrlichen Schreiben, das sie mir hinterlassen hat. Ohne Sorgen bin ich auch nicht; aber die lege ich in Gottes Hand. Jedes Ding kann sich zum Guten wenden oder zum Schlimmen, und jeder Mensch auch. Wer kann von sich wissen, welche Früchte er tragen würde, hätte Gott ihn in einen andern Garten gepflanzt? Vielleicht daß schon alle Blüthen zuvor verdorrt oder erfroren wären. — — Was ist das? Hast Du nichts gehört? Was kann das bedeuten?" unterbrach sie sich plötzlich.

Auch Jeremias horchte verwundert auf.

„Ja, was ist das?" fragte auch er, und dann schwiegen beide still lauschend eine lange Zeit.

„Es fallen keine Bomben mehr," sagte er endlich vorsichtig flüsternd, als sei das ein Geheimniß, an das man nicht rühren dürfe.

„Nein, sie schießen nicht mehr," wiederholte sie ebenso leise und faltete die Hände.

Auch er that dasselbe, und so hielten sie wiederum eine gute Weile hindurch eine schweigsame Andacht. Der Lärm draußen war nicht so sehr viel geringer geworden, aber doch gleichmäßiger und ohne die jähen Zuckungen eines immer neu aufgeregten

Schreckens. Beide Hogenholts thaten von Zeit zu Zeit einen aufathmenden Seufzer.

Bald aber begann auf dem Markte selbst ein neues unruhiges Treiben sich zu regen, wie wenn nach einem Unwetter allerlei Gethier aus seinen Schlupflöchern sich wieder ans Tageslicht wagt. Ein Schwirren von Stimmen, besonders von schnatternden und zeternden Weiberstimmen ward immer vernehmlicher und in der Nähe des Fensters schon mehr und mehr im Einzelnen verständlich.

Jetzt schraken beide aufmerkend zusammen. Es war ihr Name, der jäh an ihr Ohr schlug.

„Na ja, diese Hogenholt's," hörten sie eine gellende Stimme, „wie sauber ihr Haus noch dasteht, nicht eine Kugel ist durchgegangen, das sieht aus wie ein Schmuckkasten."

„Und sie selbst sitzen drin und fressen und saufen und fühlen sich ganz sicher," kreischte eine andere Frauenstimme.

„Was sollen sie sich nicht sicher fühlen?" gab eine dritte zum Besten, „auf die läßt der Kurfürst doch nicht schießen. Die sind mit ihm im Komplott. Bloß wir müssen dran glauben."

„Red' doch solchen Unsinn nicht," — das war Mutter Schabelock, „die Kugeln gehen drunter und drüber und fragen nach keinen Komplotten. Und ich glaub' auch garnicht an solche Komplotten."

„So? Du weißt wohl Alles besser? Da kennst Du die Hogenholtens schlecht. Warum haben sie denn gestern unsern Herrn Wichenhagen bei sich 'rausgeschmissen? Bloß weil er nicht mit ins Komplott kriechen wollte. Ist ja 'ne Gemeinheit. Man weiß doch, was man gehört hat."

„Mein Gott, ja, der arme, gute Herr Jürg, muß sich so was bieten lassen!"

„Der Wichenhagen sieht mir auch grade danach aus, als wenn er sich so mir nichts dir nichts 'rausschmeißen ließe! Ich denk', der haut doch!"

„Wenn Hundert gegen Einen sind, was hilft da alles Strampeln? Und ich hab' ihn doch selbst von meinem Fenster gesehen, wie er bei ihnen 'rauskam; ganz miesepetrig sah er aus und dabei doch fuchswild: genau richtig so, wie wenn Einer eben 'rausgeschmissen ist. Das wird man doch kennen! Wozu hat man denn seinen Mann?"

„Ganz richtig. Da ist garnichts gegen zu sagen. Und man weiß auch, wie's gekommen ist. Erst hat ihm der Eine, der schöne Herr Barnim soll es gewesen sein, aus gemeiner Bosheit eine 'runtergehauen; und wie er sich wehren wollt', da haben sie ihn schon beim Wickel gehabt und auf die Treppe gesetzt, daß er da ein bißchen rutschen sollt'."

„Ist garnicht wahr. Erst haben sie sich höllisch geschimpft und gehauen."

„Kann Alles sein; aber wir brauchen uns das nicht gefallen lassen, daß sie mit unserm Herrn Jürg so umgehen."

„Nein, das ist wahr; das sollte man ihnen eintränken."

„Und die Verrätherei mit dem verfluchten Komplott! Todtschlagen sollte man die ganze Bande. Das sitzt da nu sicher und gemüthlich drin und lacht über unser Unglück."

„Und der arme Herr Wichenhagen muß sich abquälen mit dem Feuerlöschen und Retten."

„Und die junge Frau haben sie ihm nicht 'rausgegeben. Die halten sie hier im Hause gefangen. Und dabei ist sie ihm leibhaftig angetraut vor unsern sichtlichen Augen."

„Das ist ja scheußlich. Da muß man sie ausräuchern. Schmeißt Feuer in das Haus."

„Na, Feuer haben wir nu grade genug in der Stadt; das wollen wir lieber lassen."

„Ist ja auch nicht nöthig. Aber die Hausthür wollen wir einschlagen und die junge Frau 'rausholen und zu Herrn Jürg bringen."

„Und drinnen im Hause Alles kurz und klein schlagen."

„Ja, das natürlich, das ist die Hauptsache. Die alten Hogenholt's auch."

„Oder wenigstens müssen sie Herrn Wichenhagen die Gemeinheit abbitten auf ihren Knieen und sich reinlich mit ihm vertragen."

„Das thun sie im Leben nicht. Die sind viel zu stolz. Todtschlagen ist einfacher."

„Aufhängen ist hübscher und schickt sich grade für Spione und Verräther."

„Ja, das soll werden. Kinder, lauf' Einer Herrn Wichenhagen holen, der muß dabei sein; das wird ihm Vergnügen machen."

„Ja, lauf' Einer! Ist nicht ein Junge da? — Ach, Schabelocken, Du bist ja zu dick dazu."

„Wenn sie durchaus will, laßt sie. Seht mal, sie rennt ganz niedlich."

„Wenn jetzt bloß keine Bombe fällt, die kann ja garnicht an ihr vorbei, die muß sie ja treffen; so dick ist das arme Wurm."

„Schad', daß sie weg ist; wir könnten sie gegen die Hausthür lehnen, da springt die von selber auf."

„Na, das wollen wir auch so kriegen."

Ein schwerer Stein krachte gegen die Thür.

Hogenholt sprang in die Höhe, schnallte hastig einen Säbel um und ergriff ein Paar Pistolen.

„Das wird Ernst!" sagte er dumpf, „ich muß der Mordbande entgegentreten. Wir wollen die Diener zusammenrufen."

Frau Christine fiel ihm in den Arm.

„Um Gotteswillen, Jeremias, keine Voreiligkeit!

Die Diener bringen wir nicht zusammen, oder sie helfen Dir nichts. Sie sind grenzenlos feige; sie liegen allesammt wie von Sinnen herum und wimmern und winseln. Du würdest ganz allein sein. Laß uns zur Hinterthür hinaus fliehen, uns irgendwo verstecken."

„Daß sie mir mein Haus verwüsten," rief Hogenholt wild, „all meine Habe zerstören, mein Geld rauben, meine Geschäftsbücher vernichten! Nein, ich bleibe hier. Meinen Besitz will ich vertheidigen."

Neue dröhnende Schläge fielen gegen die Hausthür, Steine polterten an die Mauern, zersplitterte Fensterscheiben klirrten in Masse. Das Geheul der Menge wurde immer wilder und drohender.

„So bleib wenigstens hier," flehte sie zitternd, „hier unten bist Du viel sicherer. Selbst wenn sie uns finden, kannst Du Dich allenfalls gegen Viele vertheidigen, so lange bis Hülfe kommt. Du hast ja gehört, sie holen Wichenhagen herbei, der muß Dich retten."

„Wichenhagen?" rief er ingrimmig, „eine schöne Hülfe! Hast Du nicht gemerkt, daß der uns diese Rotte auf den Hals gehetzt hat? Er glaubt Ursula noch hier — o, ich kenne ihn wohl, der scheut sich vor keinem Frevel zurück."

„Jeremias," mahnte sie ernst, „Du redest, was Du niemals verantworten kannst. — O, es war immer Dein Unglück, von den Menschen das Schlechteste zu denken!" fügte sie mit einem leisen Schluchzen hinzu.

„Wer die Menschen kennt, traut ihnen nichts Gutes zu," entgegnete er hart, „am wenigsten diesen ungezügelten Schwarmgeistern und Raufhelden."

„Da — hörtest Du nicht?" rief plötzlich Frau Christine in fast jubelndem Ton. „Das ist seine Stimme. Er schilt sie aus. Er kommt immer näher!"

Hogenholt schwieg und lauschte. Jetzt vernahm auch er den kräftigen Klang und schon ganz genau die einzelnen Worte.

„Seid Ihr des Teufels, Kinder — Frauenzimmer — Gänse — ich weiß nicht, wie ich Euch nennen soll —? Das thut mir aber wirklich leid, daß Ihr so jämmerlich übergeschnappt seid und ich Euch nun schwerlich mehr als meine Leibwache gebrauchen kann. Wer hat Euch den Blödsinn denn vorgefaselt? Ich soll in Unfrieden sein mit Herrn Jeremias Hogenholt, meinem guten Schwiegervater? Da schlag doch gleich der Donner drein! Und das um meiner lieben jungen Frau willen? Hat man je solches Zeug gehört? Die sitzt ja doch seelenvergnügt in meinem Hause und wartet auf mich, daß ich mal einen Augenblick freikriege. Und jetzt hätte ich einen frei, und da kommt Ihr mir in die Quere mit diesem dummen Geschwätz! — Was? Auch das noch? Herr Hogenholt ein Verräther, weil sein Haus noch nicht brennt? Sieben Teufel nochmal, da bin ich auch einer, denn meins steht auch noch im besten Wohlsein. Und das Schloß steht auch noch; also ist der Herr Kommandant doch wohl ein schwarzer Verräther! — Himmelschockschwerenoth, wie können Menschen so dumm sein! Und dabei seh' ich hier zumeist Frauenzimmer: und die pflegen doch sonst gewöhnlich klüger zu sein. Ja, wenn's Eure Männer wären, da wollt' ich mich nicht wundern! — Und wer red't da das wieder? Lise Benecke? — Von der hätt' ich das am wenigsten geglaubt. Beschimpft sollen sie mich haben? — He, Herr Schwiegervater, liebe Frau Mutter, öffnen Sie mir doch das Haus, daß wir diesen Schäfchen zeigen können, wie einig wir sind und wie lieb wir uns haben. — Platz da, schöne Frauen und dumme Kerls, gebt mir die Hausthür frei, und daß sich Keiner unterstehe, mit hineinschlüpfen zu wollen! Die Maulschellen sitzen mir heute so lose in der Hand wie der Strahl in der Feuerspritze."

So klangen seine Worte scharf und schmetternd wie muntere Trompetenstöße. Frau Christine faßte ihren Gemahl bei der Hand und zog ihn halb gewaltsam mit sich durch die Kellerräume und die Treppe hinauf bis an die Hausthür. Sie selber schob mit hurtiger Hand den Riegel zurück, ließ

Wichenhagen herein und verriegelte hinter ihm. Draußen herrschte erwartungsvolles Schweigen.

„Schnell hinauf in den Saal! Wir zeigen uns am Fenster!" befahl Jürg kurz ohne weitere Begrüßung.

Die drei flogen die Treppe hinauf, durchmaßen die Breite des Saales und traten ans Fenster, Jürg in die Mitte, mit den Armen zur Rechten und zur Linken seine Schwiegereltern zärtlich umschlingend.

Ein kurzes Schweigen des Verwunderns begrüßte ihr Auftreten, dann heller Zuruf der Befriedigung.

„Na, Frauensleut', nu wollen wir wo anders Skandal machen, hier ist nichts mehr nöthig," sagte Mutter Schadelock behaglich: und das besiegelte den Frieden.

„Halt, ich hab' noch eine Bitte," rief Jürg lässig hinunter, „seh' Einer, ob er den Pust findet, und schickt mir den her; ich brauch' ihn, er soll mal wieder ein bißchen aussegeln auf Kundschaft, er soll mal hören, was der Kurfürst dazu sagt, daß wir so stramm Stand halten gegen das Bombengebrumme. Und Euch will ich rathen: macht, daß Ihr nach Hause kommt, Ihr könnt ganz sicher sein, es geht gleich wieder los mit dem Knallen. Der Kurfürst hat sich bloß mal verpusten und den Schweiß ab=

trocknen wollen. Da — hört Ihr? Es knackt schon wieder. Und wie mir scheint, recht gründlich."

Wirklich ließen von Süden her in der großen Batterie mehrere Mörser zugleich ihr dumpfes Dröhnen erschallen, und die Bomben zogen ihren feurigen Streif am Nachthimmel hin. Wie vom Winde zerblasen stob der Schwarm auseinander und zerstreute sich in die Häuser.

„Und jetzt — wo ist Ursula?" fragte Jürg hastig, vom Fenster zurücktretend. „Sie muß in bessere Sicherheit — und Sie auch: Sie vor Allem Herr Schwiegervater; für Sie kann ich auf die Dauer am wenigsten bürgen, für die Frau Mutter schon leichter — aber wo ist Ursula?"

Hogenholt bereitete sich, etwas zu erwidern, doch Frau Christine kam ihm zuvor.

„Sie wissen also noch nichts?" fragte sie mit einem scharf forschenden Blick in seine Augen, „— dann wird dieser Brief Ihnen etwas Neues sagen."

Sie überreichte ihm das von ihrer Tochter hinterlassene Schreiben.

Er durchflog es, und sein Auge strahlte.

„Ich hoffe, sie zu finden," sagte er kurz, das Papier ihr mit einem dankenden Blick zurückgebend, „für Sie aber, Herr Hogenholt, ist die einzige Sicherheit, unverzüglich die Stadt zu verlassen; Auf=

tritte dieser Art können sich jede Stunde wieder=
holen, ohne daß Jemand zur Stelle ist, sie zu be=
schwören. Ich habe schon vorgesorgt, Sie ungefährdet
hinauszuschaffen; mein Freund Pust, der Schiffer,
wird Sie durch einen der Wasserarme nach Altdamm
befördern; dann mögen Sie weiter nach Ihrem Be=
hagen für sich sorgen. Für Sie, Frau Mutter, ist
in der Stadt schwerlich irgendwelche Gefahr, wenn
Sie mit meinem Schutze vorlieb nehmen wollen —"

„Ich gehe mit meinem Manne!" versetzte sie
schnell, „wann es sein mag und wohin."

„Die nächtliche Bootfahrt ist immerhin nicht
ohne große Beschwer und Unbehagen," wandte Jürg
ein, „es könnten selbst ernsthafte Zwischenfälle ein=
treten —"

„Ich gehe mit meinem Manne," wiederholte sie
noch einmal.

„Und mein Geld? Meine Werthsachen?" fragte
Jeremias, „soll ich das Alles der Wuth und Raub=
gier dieses Pöbels zur Beute lassen?"

„Das wird Herr Wichenhagen gewiß alles in
seine Verwahrung nehmen," fiel Frau Christine ein,
„wenn wir ihn darum bitten."

Jürg machte eine stumme Verbeugung.

Nach einem kurzen Kampfe mit sich selbst nahm
Hogenholt jetzt eine feierlichere Haltung an und be=
gann langsam mit einigem Räuspern zu reden:

„Wir haben Ihnen immerhin sehr Großes zu danken, Herr Wichenhagen —"

Doch der unterbrach ihn schnell: „Ich Ihnen viel mehr: Sie haben mir einen Hauptspaß bereitet mit diesen lustigen Weibern."

Jeremias schauderte leise zurück und warf einen verzweifelnden Blick zum Himmel.

„Wie ist es möglich, auch diese Schrecknisse noch als Spaß zu behandeln?" rief er mit mühsam gedämpfter Entrüstung, „ich verstehe Sie nicht."

„Auf die Ehre, verstanden zu werden, muß ich freilich verzichten," sagte Jürg kühl; und leiser und ernster fügte er hinzu mit einem stillen Blick auf Frau Christine, „— zumal solange ich mit mir selbst noch nicht im Reinen bin."

„Oho, Jürg," schrie plötzlich Pustens krähende Stimme von unten vom Markt her, „laß mir aufmachen, wenn ich hier was soll. Die Einladung kommt ja ein bißchen spät, und der Braten wird schon kalt sein; aber so genau nimmt's Unsereiner nicht."

Hogenholt zuckte ein wenig zusammen, und seine Miene vermochte einen stillen Abscheu nicht zu verbergen.

„Mit dem Menschen sollen wir fahren?" fragte er mißmuthig.

„Ich kenne keinen so zuverlässigen," sagte Jürg kühl und eilte die Treppe hinab, Pusten einzulassen.

Draußen dröhnten und krachten immer neue Bomben.

Einunddreißigstes Kapitel.

Am Morgen des siebzehnten August verstummten plötzlich die kurfürstlichen Geschütze ganz, nachdem der Bombenregen fast drei Tage und drei Nächte lang mit nur kurzen Pausen wie ein ungeheures Gewitter getobt hatte. Ein Seufzer der Erleichterung ging durch die Stadt als ein stilles, freudiges Erschrecken.

Estrid von Wulffen saß in ihrem Zimmer am Fenster und blickte hinaus über die Gassen der Stadt, aus denen Rauchwolken und Feuergarben unaufhörlich gen Himmel quollen, ein Anblick, der fast nur noch grausiger war, seit das Ohr die wirkende Ursache nicht mehr wahrnahm. Wie eine Angst kam es über sie aus der ungewohnten Stille.

Sie schwang eine Glocke, und ihre Zofe erschien.

„Schläft mein Vater noch immer?" fragte das Fräulein.

„Er ist soeben aufgestanden," meldete Jene, „er hat einige Boten abgefertigt und scheint jetzt frei von Geschäften. Soll ich ihn rufen?"

„Er wird von selbst kommen," sagte Estrid ruhig und entließ die Jungfer.

Sie hatte in der That nicht lange zu warten; der Kommandant trat ein und begrüßte sie mit gewohnter Zärtlichkeit. Sein Schritt war leicht, seine Haltung freudig erhoben.

„Das plötzliche Schweigen hat mich aufgeweckt," sagte er heiter, „ich hätte sonst wohl noch den halben Tag durchschlafen. Doch wenn das Mühlwerk aufhört zu klappern, erwacht der Müller."

„Du hast einen Schlaf gethan, wie seit Wochen nicht mehr," erwiderte Estrid, „Dein Diener sagt, Du hast all die Stunden lang kein Glied geregt, da Du Dich sonst in wirren Träumen zu wälzen pflegtest."

„Ich war ganz ruhig in tiefster Seele," sprach der Kommandant, „zum erstenmal seit dem Beginn der Belagerung; darum konnte ich so schlafen. Ich wußte, ich kann mich auf meine Leute verlassen, auf alle ohne Ausnahme, auch auf die Bürger. Es giebt Einen, der dafür gesorgt hat, daß ich so schlafen kann."

„Jürg Wichenhagen!" rief Estrid aufjubelnd.

„Kein Andrer," bestätigte Wulffen, „er hat sich bewährt in diesen harten Tagen. Ich habe es mit Augen gesehen wie noch niemals zuvor."

„Haſt Du ihn geſtern geſprochen?" fragte ſie eifrig.

„Geſprochen nicht," entgegnete der Vater, „weder geſtern noch vorher, ſondern nur geſehen — und auch das nicht einmal recht: wo ich ihn ſah, da ſah ich ihn nicht, und wo ich ihn nicht ſah, da ſah ich ihn."

„Du mußt ſehr fröhlich geſtimmt ſein", fiel Eſtrid ein, „daß Du in ſo ſpitzfindigen Räthſeln ſprechen magſt."

„Bin ich auch, Mädchen, und darf es ſein," beſchied er ſie freundlich, „aber mein Räthſel iſt nicht ſchwer zu löſen. Ich ſah ihn ſchlafend. Alſo ſah ich nicht ihn, ſondern nur ſeine thatloſe Hülle — und das heißt für ihn, ſeine ſeelenloſe Hülle. Doch wie er ſchlief, das war beredter als die ſchönſten Reden. Mehr ſitzend als liegend, nein, mehr ſtehend als ſitzend lehnte er gegen eine Waſſerkufe, eine Spritze im Arm gleich einer Muskete. Mitten in der Arbeit, das verrieth ſich deutlich, war er zu= ſammengeſunken — zum erſten Schlaf ſeit Tagen und Nächten. Und nun ruhte er friedlich wie ein geſundes Kind, das beim Spielen einſchlief. Feuer= funken und fliegende Flämmchen ſtoben von oben her über ihn hin: doch ein Paar Frauen= zimmerchen bewachten ihn getreulich, hielten Bretter zum Schutz über ihn und ließen keinen Störenfried an ihn kommen.

So habe ich ihn gesehen und nicht gesehen. — Und wo ich ihn nicht sah, sagte ich, da sah ich ihn. Ich strich durch die Stadt, zu Fuß und mühsam, denn es ist unmöglich geworden, zu Pferde auch nur hundert Schritt weit vorwärts zu bringen, so ganz versperren die Trümmer jeden Weg. Mächtige Mauerwände liegen niedergeworfen über die Straßen hin, von verkohlten Balken überstarrt, dazwischen die Bombensplitter in Massen verstreut wie hingesäet von der Hand eines Riesen. — Ich weiß nicht, was jener Riese, der Kurfürst, empfinden würde, wenn er dies Schrecknis mit Augen sähe, das seine Hand erzeugt hat: ob Lust oder Schauder. Ich bin ganz sicher, auch er hat solchen Schuttgreuel noch niemals gesehen, so wenig wie ich, der ich aufgewachsen bin im Kriegslager, in Beschießungen und Vertheidigungen. Meine alten Augen entsetzten sich vor solcher Verwüstung. So viel Stunden dies angerichtet, so viel Jahre werden arbeiten müssen, es wieder gut zu machen.

Und wenn dieser Kurfürst die Stadt gewönne, was Gott verhüte, ich weiß nicht, ob sie noch ein beneidenswerther Besitz ist — es müßte denn sein um der neuen Unterthanen willen, die er an sich brächte. Ich kann nur sagen: Dank und Ehre den

Bürgern dieser Stadt. Es steckt ein Kern in diesen Leuten, den ich mir nicht vermuthet hätte. Ruhig, ebenmäßig, gelassen, ja heiter standen sie da und schritten sie einher bei ihrem grimmigen Kampf wider den doppelten Feind, den Bombenschrecken und die Wuth des Feuers, einem Kampfe, der niemals ein Ende nahm. Gleichmäßig wandernd flogen die Eimer von Hand zu Hand, in unendlicher Kette von der Oder herauf bis zu den fernsten Straßen.

Denn es brannte überall, die Schiffe auf dem Strom und die Kirchen auf der Höhe. Sankt Nikolai ist niedergelegt und Sankt Marien; Sankt Jakobi ist ausgefressen vom Feuer bis in die Gräber hinein; die Asche der längst vermoderten Leichen zerstob im Winde. Die Bibliothek liegt in Asche; Tausende von glühenden und verkohlten Papierblättern flatterten durch die Luft wie gescheuchte Vögel. Das Gymnasium und die Rathsschule sind verbrannt; den Alumnen des Collegiums, sagt man, hat Wichenhagen Obdach gegeben. Unzählbare andre Gebäude sind vernichtet.

Und immer, überall walteten die Löschenden ganz ruhig ihres Werkes. Wo eine Bombe niederschlug und Lücken riß in die Reihen der Tapfern, traten Andre an die Stelle und füllten die Bresche. Und immer wieder bezwangen sie das Feuer an einer Stelle, und immer wieder loberte es an einer andern nur schrecklicher auf. Aber die Leute wehrten ihm weiter und ermüdeten nicht.

Und nun, was ich berichten wollte: überall, an zehn, nein, an zwanzig, dreißig Stellen habe ich gefragt: „Ist Wichenhagen hier?" — Und immer empfing ich die gleiche Antwort: „Ja wohl, er ist hier." — „Wo denn?" — „Hier, da — zum Teufel, wo ist er geblieben? In diesem Augenblick war er hier, sprach mit uns und lachte". — „Nein, da oben auf der Leiter stand er eben und schrie in den Rauch hinein, ob noch Jemand im Hause wär'." — „Nein, mit mir hat er gesprochen, hat gefragt, ob ich müde bin. Zum Teufel, ich war es, aber kaum daß er gefragt hat, ist es vorbei." — „Hier, hier ist er ja! Da steht er — nein, doch nicht mehr. Aber eben sah ich, wie er ein Kind von der Straße aufnahm und dort ins Haus trug; ich weiß nicht, ob es todt war oder verwundet. Aber hier muß er wo sein — he, Herr Wichenhagen!"

So war es überall, wo ich suchte und fragte. Herr Ueberall und Nirgends. Mit keinem Auge habe ich ihn gesehen und doch an dreißig Stellen fast mit den Händen berührt; ich sah ihn in seinen Thaten.

Er hat mit dem Hauche seines Mundes hundert Brände gelöscht — vor allen das schlimmste aller Feuer: den Schrecken in den Herzen der Menschen.

Kaum schien es möglich zu glauben: dies die nämlichen Leute, die vor dreien Tagen vor Angst und Entsetzen brüllten wie die Raubthiere, wimmerten wie die Kinder! Wir haben Großes erlebt: wir sahen mit Augen eine losgelassene Meute von Feiglingen und Schuften, ein entleertes Tollhaus — und dieser Mensch kommt und darf zu uns sagen: Sehet da eine gefestete Kerntruppe von unerschütterlichen Helden! — Wahrlich, Mädchen, fern sei es mir zu leugnen: wir haben Deinem Wichenhagen sehr viel zu danken."

"Auf jeden Fall die Stadt und Festung Stettin," rief sie mit strahlenden Augen, die Wangen überhaucht von kräftigem Roth; jedes Siechthum schien aus ihrem Antlitz entwichen.

Dann legte sich langsam eine Wehmuth über ihre Züge.

"Meinem — meinem Wichenhagen?" flüsterte sie träumerisch. — "Ja, meinem!" fügte sie schnell sich aufraffend hinzu, "habe ich ihn nicht gemacht zu dem, was er jetzt ist? Was war er vor zwei Monaten? Ein tändelnder Jüngling, und ein recht ungezogener obendrein. Und was ist er geworden? Doch immer noch etwas mehr als ein Mann! Vater, was meinst Du, wenn ich jetzt prahlte: Deine Tochter Estrid ist es, die dem Könige seine Stadt Stettin vor dem Feinde gerettet hat?"

Ein stolzes Lächeln glitt über seine Lippen.

„Ich würde sagen: das kluge Mädchen, das so etwas behauptet, hat nicht geprahlt, sondern die Wahrheit geredet. Man sollte ihr ein Denkmal setzen in Schwedens Hauptstadt."

Sie sann ein wenig nach, dann lachte sie sonderbar auf.

„Ich suchte mir nur vorzustellen," antwortete sie seinem fragenden Blicke, „wie dies Denkmal wohl aussehen müßte. Mir scheint, so etwa wie eine Puppe, der ein wildes Kind die Beine abgerissen hat. In dem Marmor freilich könnte man der Puppe die Beine auch wieder ansetzen — aber dann würde das Denkmal nicht mehr die Wahrheit sagen. Denn wenn das Original noch heute gesund auf seinen Füßen herumliefe, wer weiß, was gekommen wäre? Wer weiß, ob es dann nicht zur Zeit als behäbige Hausfrau in dem schönen Hause am Fischmarkt schaltete und dem lieben Gatten die Pantoffeln hertrüge und das Morgensüppchen kochte? Kannst Du Dir so etwas vorstellen, Vater? Ich wahrhaftig auch nicht — so armselig im Dunkel dahinzuleben, so ganz ohne Namen — Vater, glaubst Du im Ernst, daß Schweden je erfahren wird, was Deine Tochter im Verborgenen gewirkt hat, daß je das Vaterland meines Namens sich erinnern wird?"

„Schweden war niemals undankbar gegen seine Helden," sprach er nicht ohne Feuer, „es wird einer

Heldin noch weniger vergessen. Sei getrost, Du wirst auch Deinen Dichter dereinst finden."

„Dann will ich dem Kurfürsten von Herzen danken," rief sie in heißer Freude, „daß er mir diese hinderlichen Füße so geschickt amputirt hat. Auch will ich ihm ehrlich einen Theil meines Verdienstes mit zugestehen: sein stolzes Vorbild hat mir nicht am wenigsten geholfen, meinen Helden so in Feuer zu bringen. Ein Held schafft Helden, auch unter seinen Feinden."

„Du siehst scharf und tief," sagte Wulffen bewundernd, „dies ist eine Wahrheit. Hier folge ich Deinen Gedanken. Gebe Gott, daß er diesen jungen Helden sich zu dauerndem Schaden geschaffen habe."

„Dürfen wir denn jetzt nicht die Hoffnung hegen, daß wir uns dauernd werden halten können?" fragte Estrid eifrig.

„Hoffnung, ja," versetzte der Kommandant, „Hoffnung immerhin. Die schlimmste Gefahr ist überwunden. Diese harte Beschießung war keine überflüssige Grausamkeit, das müssen wir dem Feinde zugeben, sie war kein aussichtsloses Beginnen, sie konnte ihm drei, vier Monate gewaltiger Kriegsarbeit, Tausende von Leuten ersparen, wenn die Einschüchterung der Bürger gelang — und er weiß nicht, wie nahe er dem Gelingen war. Die Gefahr für uns war näher, als ich Andern sagen darf. Jetzt ist das anders geworden; meine Bürgerwehr steht fest. Jetzt bleibt dem Kurfürsten kein anderer Weg als die langsame, mühsame Belagerung durch Pioniere, Laufgräben und Minen. Die Werke muß er uns abkämpfen Schritt für Schritt, Gräben, Wälle, die Mauer, zuletzt selbst die Straßen noch: wir werden nicht rückwärts weichen als Schritt für Schritt."

„Inzwischen muß Entsatz kommen," rief Estrid lebhaft, „aus Stralsund — aus Kurland — vom Könige selbst —"

„Noch ist wenig Aussicht," sagte Wulffen bedenklich, „der König schlägt sich tapfer mit den Dänen herum, zu Lande siegreich, doch zur See haben sie die Oberhand im Bunde mit den Holländern —"

„Entsatz muß kommen!" fiel sie heftig ein, „der König kann das wichtigste Bollwerk seiner Weltmacht nicht preisgeben. Soll Schweden wieder werden, was es vormals war, ein stilles Reich im einsamen Norden? Soll Gustav Adolf's Blut vergebens geflossen sein? Kann irgend einer seiner Nachfolger das zugeben? Das ist ganz unmöglich. Eine That schafft die andre, ein Held weckt den andern. Der junge Karl muß sich zum Helden entfalten; er darf nicht anders: auch hat der Löwe die Klauen schon gezeigt wider den dänischen Bedränger. Da liegt meine sichere Hoffnung auf Entsatz. Mag sein, in drei Monaten erst: aber dann wird er kommen, weil er kommen muß."

Das Gespräch ward unterbrochen. Ein Sergeant brachte eine Meldung. „Ein Bote vom Rathhaus ist da und eine Ordonnanz vom Heiligengeistthor."

„Ich komme," rief schnell der Kommandant. „Laß sie in mein Zimmer treten, erst die Ordonnanz, dann den Rathsboten. Ich weiß genau, was sie bringen, der Eine wie der Andere."

Er verließ eilig das Zimmer.

Estrid blieb nicht lange allein. Gerd Werebroth ward gemeldet und gern empfangen. Mit entzückter Begrüßung küßte er ihre Hand.

„Herr Wichenhagen läßt seinen Gruß entbieten," sprach er mit etlicher amtlichen Feierlichkeit, „und ergebenst anfragen, wie das Fräulein diese Tage überstanden habe."

„Wie hat er selbst diese furchtbaren Tage überstanden?" antwortete sie lebhaft, „die Frage scheint mir berechtigter. Auch ist die Antwort wichtiger für das Heil der Stadt."

„Zum Erstaunen gut," gab Werebroth Bescheid, „er sieht sehr frisch aus und hat doch kaum geschlafen während dreier Nächte. Jetzt hat er sich niedergelegt."

„Und wie ist seine Stimmung?" forschte Estrid weiter, „zeigt er Freude und Stolz über seine Thaten?"

„Zu Zeiten, ja," erwiderte Gerd ein wenig zögernd, „besonders so lange er am Werke ist; da erscheint er voll Heiterkeit. Aber dazwischen überfällt ihn manchmal — wie soll ich sagen? — ein nach= denkliches Wesen, ein Brüten oder Träumen; er spricht murmelnd mit sich selbst; nicht selten auch zuckt er zusammen wie von einem plötzlichen Schmerz oder Schreck. Ich weiß nicht, ob ihn in seinen Ge= danken etwas quält, oder ob es vielleicht auch nur die Müdigkeit sein mag."

„Hat man Nachricht von der jungen Gattin?" fragte sie schnell, „hat man deren Spur gefunden?"

„Nichts," meldete Gerd betrübt, „sie bleibt ver= schwunden und verschollen."

„Dann ist kein Zweifel, daß ihn diese Sorge bedrückt," betonte Estrid mit einem leisen Schwanken in der Stimme.

„Nein," antwortete er bestimmt, „das läßt ihn ganz ruhig. Er ist da von einer seltsamen Sorg= losigkeit. Er zweifelt garnicht, daß sie irgendwo in der Stadt sich gut geborgen halte und daß er sie finden werde. Und was sonst Keiner begreift, den Grund ihres Verschwindens, auch darüber scheint er sich in einer freudigen Klarheit zu befinden. — Wenn ihn Sorgen drücken, müssen es ganz andere sein."

Estrid versank in ein Nachdenken. Endlich sprach sie mit einem hellen Lächeln:

„O, ich verstehe ihn. Und er hat Recht. Sein Ehrgeiz verdient eine reichere Befriedigung. Ich will sie ihm bieten. Gott sei gelobt, daß ich's kann."

Der Kommandant kehrte zurück. „Das ist mir angenehm, daß ich Sie hier finde," sagte er zu Gerd, „da erspare ich einen Boten. Ich habe etwas für Wichenhagen. — Natürlich, wie ich's dachte," wandte er sich an seine Tochter, „die trefflichen Herren vom Rath und der Kaufmannschaft bitten um eine Unterredung und erflehen einstweilen schon schriftlich demüthigst die endliche Uebergabe der Stadt an den übermächtigen Feind. Das Unheil über alle Maßen groß — die ganze Stadt rettungsloser Vernichtung anheimgegeben — das Blut der Weiber und Kinder, die Thränen der Mütter — ganz nutzlose Grausamkeit, unnatürlich, unmenschlich — christliches Erbarmen — und so fort und so weiter — Sehr edel gedacht, meine Herren, aber leider, es geht nicht. Alles Mitgefühl, auch das tiefste, muß der Pflicht unterliegen."

„Und was brachte die Ordonnanz?" fragte Estrid begierig.

„Ebenfalls, was ich erwartete," beschied sie der Kommandant, „ein Offizier meldet sich am Thor mit Botschaft vom Kurfürsten. Man wird ihm die Augen verbinden und ihn hereinführen. Selbstverständlich

doch eine Aufforderung zur Uebergabe — aus gleichen
Beweggründen wie die der guten Rathsherren. Ich
bedaure, Herr Kurfürst: aber leider, es geht nicht.
— Mein lieber Werebroth," wandte er sich an diesen,
„ich brauche Wichenhagen; oder noch besser: bestellen
Sie ihm gleich meine Meinung. Ich könnte ja diesen
kurfürstlichen Gesandten einfach abweisen auf eigene
Faust; ich habe Niemanden Rechenschaft abzulegen
als meinem Könige. Aber doch wäre es mir lieber,
ich könnte diesem wackern Volke den Schein gönnen,
als überließe ich ihnen die Entscheidung. Sie selbst
sollen mit lauter Stimme sagen: wir wollen uns
weiter vertheidigen. Das ist gut für ihr eignes
Benehmen in der Zukunft und ist gut zu hören so=
wohl für die Herren vom Rath als auch für den
Botschafter des Feindes. Nur muß ich ganz sicher
sein, daß ich es wagen kann, wie ich zwar hoffe;
es darf auch kein Zaudern noch Schwanken bei
den Bürgern zu befürchten sein: und diese Gewiß=
heit soll Wichenhagen mir geben."

„Er wird es können," sagte Werebroth bestimmt.

Zweiunddreißigstes Kapitel.

„Das ist von den vielen klugen Gedanken des Herrn Kommandanten einer der allerklügsten", sprach Jürg Wichenhagen zu Werebroth, „also laufen Sie, lieber Gerd, und lassen Sie die Lärmtrommel rühren: wer von der Bürgerschaft beim Feuerlöschen entbehrlich ist, soll auf den Heumarkt eilen, sich zu seiner Fahne stellen und das Weitere erwarten. Wenn ihrer genug bei einander sind, benachrichtigen Sie mich, vielleicht kann ich ihre Stimmung noch ein bißchen ermuntern: und dann rufen Sie uns die Herren vom Schlosse. — Auf Wiedersehen, Freund, — und sagen Sie Pusten, er soll sich sputen, ich brenne auf seine Nachrichten. Ich sah ihn soeben vom Markt hereinkommen, Sie werden ihm auf dem Hofe begegnen oder auf der Treppe."

Werebroth ging, und eine Minute später trat Pust in Wichenhagen's Zimmer.

„Gott sei Dank, daß Du da bist", begrüßte ihn Jürg, „ich war doch in Sorge um Dich. Freilich, Unkraut vergeht nicht."

„Oder wenigstens langsam", bestätigte Pust, „und Meister Reincke schlüpft immer wieder aus der Falle. Ich saß wieder mal drin; aber natürlich nicht lange. Der liebe Gott kann ja nicht wollen, daß ich wie eine gemeine Landratte auf dem Trocknen mein Ende finde, und am allerwenigsten von der Hand solcher kurfürstlichen Pferdeschinder."

„Schwatze nicht — erzähle!" drängte Wichenhagen. „Und wenn's sein kann, so etwas wie Wahrheit."

Pust that einen Aufblick voll fürchterlicher Ernsthaftigkeit.

„Hast Du je gehört", fragte er, „daß Niklas Pust die Wahrheit redet, wenn er Einem was vorlügen will? Also wird er auch wohl umgekehrt nicht lügen, wenn er mal die Wahrheit sagen will. Und das will ich jetzt: und nachher vor den Spießbürgern will ich mächtig lügen. Obzwar das mit dem Lügen so eine Sache ist: es ist viel schwerer; denn ganz um die Wahrheit kommt man doch nicht herum, man muß sie mit einflicken, da ist nichts zu machen, sie macht sich zu breit und läuft Einem immer wieder in den Weg. So zum Beispiel, wenn ich nachher noch so schön lügen will, muß ich doch immer sagen: Ich war im kurfürstlichen Lager. Und das ist 'ne Wahrheit, da ist nichts dran zu drehen. Nämlich Herrn Jeremias und die Seinige habe ich glücklich 'rausgebracht und in Alten=Damm abgesetzt, und da können sie nu in Frieden ihre Klagelieder singen. Und ich segle weiter mit meiner andern Fracht die große Reglitz aufwärts und die Oder wieder 'runter und komm' als Greifenhagener Obst= händler ins Lager mit Pflaumen und Birnen; schönes Obst und billig. Es ist längst heller Morgen; ich werde glatt 'reingelassen und streiche da nu gemüthlich umher, setze gut ab und mache feine Geschäfte. Und Augen und Ohren auf. Was ich gehört hab'? Na, nicht viel Gutes. Der Kur= fürst läßt nicht locker, bis die Stadt über ist, daran zweifelt kein Esel; und er kann's aushalten mit seinen höllischen Batterieen und andern Teufelswerken und den vielen Regimentern, das ist mit Augen zu sehen. Und von Entsatz keine Rede, weder aus Stralsund noch aus Kurland: darüber wissen sie im branden= burgischen Lager allemal das Sicherste. Gut, denk' ich inwendig, also wehren wir uns ohne Entsatz, nämlich wir zwei, Du und ich, und etwa noch Lutz Wernicke und der Werebroth, die Andern aber mit dem Entsatz, den ich ihnen vorlüge.

So weit war Alles in guter Ordnung, und ich wartete bloß noch, daß es Abend werden sollt', da= mit ich im Dunkeln ohne viel Umweg gleich wieder in die Stadt segeln könnt'. Aber da hatte der Deubel denn doch sein Spiel. Nämlich kommt da so ein Herr Hauptmann von den Geschützen vorbei — wie ist mir denn eigentlich? Den sollt' ich ja wohl kennen — und der sieht so an mir hin; und ich seh' an seinen Augen, daß er bei sich denkt: den Kerl sollt' ich ja wohl kennen!

Und er dreht sich um und geht nochmal vorüber und kuckt wieder an mir hin und denkt ja wohl noch ernstlicher dieselbe Dummheit. Ich aber hab' es nu lange schon 'raus, daß es Niemand anders ist als unser Herr Beienburg, Jürg, was vordem Dein Schulfreund gewesen ist.

Na, 'nen Schreck krieg' ich. Denn ich denke bei mir: wenn der dich nu auch so erkennt, wirst du ja wohl fliegen lernen müssen, aber natürlich nicht gleich so in freier Luft, sondern erst vorsichtig am Strick, wie die Jungens bei uns schwimmen lernen; bloß beim Fliegen macht man den Strick lieber um den Hals, weil das hübscher aussieht. Und ich sehe noch mal so recht liebevoll an meinem lebendigen Leibe entlang und nehme heimlich Abschied; da steht der Hauptmann auch schon grade vor mir still und glotzt meine Birnen an — dazwischen aber mich selber. Ich mache ein recht liebliches und dummes Gesicht; aber das will nicht viel helfen, er glotzt nur immer dreister. Und mir stieg 'ne Art Seekrankheit langsam von den Gedärmen in die Kehle 'rauf.

Da springt mit einmal was von der Seite auf mich los und packt meine Hand und fängt laut an zu krähen: „Herrje", schreit es, „der Piper aus Greifenhagen, der Adam Piper!"

Na, ich merke ja doch gleich, wohin das steuert, und geb' ihm flink Antwort. „Gott soll mich bewahren!" ruf' ich, „Holzbock, was treibst Du Dich hier 'rum? Du bist hier wohl Regimentsschneider?"

So haben wir uns verständigt; denn der Kerl war es nämlich wirklich. Und der Hauptmann war der Esel und lief wahrhaftig in das falsche Fahrwasser und ging ruhig seines Weges.

,J Du kleines Deubelsvieh', sag' ich nu vergnüglich, ,Du lügst ja wahrhaftig beinah noch besser als Niklas Pust, und das kannst Du Dir höllisch zur Ehre rechnen. Aber wie kannst Du Dich unterstehen, mir hier offenkundig so 'ne Art Leben zu retten, so lange Du Holzbock heißt? Das ist ja 'ne Dreistigkeit. Denn Du weißt doch, den Namen halt' ich nicht für richtig.'

Ja, sagt er und grient, auf mein bißchen Leben wär's ihm auch nicht so sehr angekommen; aber er hätt' einen Wunsch, mit mir heimlich bei Nacht in die Stadt zu fahren; er hätt' da noch Geld vergraben, und das wollt' er gern holen. Also möcht' ich ihn mitnehmen, das wär' für ihn am sichersten. Wieder 'raus käm' er schon allein, denn für die

brandenburgischen Vorposten hätt' er 'nen Passir=
schein.

Na, was wollt' ich machen? Undankbar soll
der Mensch nicht sein, wenn es garnicht nöthig ist.
Also ich sag' Ja und nehm' ihn, wie's Abend wird,
mit in meine Boot und segle mit ihm los.

Nu hatte der Kerl da ein Bündel bei sich; das
schnürt er auf, und sind 'ne Tracht Weiberkleider
drin. Und die zieht er statt seiner ehrlichen Hosen
vor meinen sichtlichen Augen mit aller Schamlosig=
keit an; und wie wir glücklich bei der langen Brücke
gelandet sind, läuft er so als ein niedliches Mädchen
übers Bollwerk dahin.

Na, denk' ich, kommst du mir so, denn komm'
ich dir auch so. Denn ich muß sagen, mir kam da
was nicht richtig vor, daß er so hastig davon
wutschte. Ich greif' also meinen Mantel und bind'
mir den so um die Hüften, daß er im Dunkeln aus=
sehen kann wie ein Weiberrock, und meine Kappe
kalt' ich mir auch so'n bißchen ins Weibliche zurecht.
Und im Gangwerk hab' ich schon immer 'nen kleinen
weiblichen Anstrich, wie die sich so drehen und
wippen; und so bin ich ja auch wohl ein niedliches
Mädchen.

So streich' ich hinter ihm her, ich halt' mein
Frauenzimmer im Auge, und sollt' er sich umdrehen,

sieht er auch ein Frauenzimmer, und wenn uns
Einer begegnet, der sieht zwei Frauenzimmer.

So trippeln wir also die Beutlerstraße 'rauf
und kommen durch die Grapengießerstraße bis auf
den Kohlmarkt. Aber wupp, da ist er vor meinen
Augen verschwunden, als ob ihn sein Herzensfreund,
der Deubel, in die Erde geschluckt hätte. Nu mögen
solche Dinge ja sonst passiren, aber doch nicht so
grade vor meinen ehrlichen Augen. Es muß also
was Andres sein als der richtige Deubel.

Na ja, und da steht doch an der Ecke das Haus
von dem Hogenholt'schen Vetter, dem schönen Bar=
nim, den Du nicht leiden kannst: Dir geht das mit
dem, wie mir mit den Pferden; schöne Thiere sollen
das ja auch sein, aber darum kann ich sie erst recht
nicht leiden.

Aha! denk' ich also, der schöne Vetter hat ein
liebreiches Stelldichein in der Sommernacht mit
diesem niedlichen Mädchen. Und weiter denk ich:
Kann man so was dulden? Heißt so was Tugend?
Und soll ein guter Bürger nicht nach seinen Kräften
die Tugend fördern und das Laster bekämpfen, be=
sonders in Kriegszeiten? Denn daß der Kerl, der
Holzbock, da in diesem Hause seine Thaler sollte
vergraben haben, ist doch wohl ein bißchen sonderbar
zu denken. Das Beste wär' ja wohl gewesen, einen
Prediger zu holen und das Liebespaar auf dem Fleck

in die Tugend 'reintrauen zu lassen. Aber es liefen da grade keine Prediger so 'rum. Also nehm' ich mir dafür lieber ein paar andere Leute, die nicht weit davon bei der Jakobikirche am Feuerlöschen arbeiteten, und setze die den beiden Sündern als Ehrenwache vor die Thür: bloß daß die drin bleiben sollten und nicht mehr ausgehen bei dem ungesunden Wetter, wo es immerfort Bomben regnete.

Die Mausefalle ist also zugeklappt, denn daß meine Kerls die verfluchten Spione und Landesverräther nicht ausreißen lassen, dafür kann ich stehen. Jetzt aber fragt es sich, was wir mit den beiden anfangen. Den Herrn Barnim baumeln zu sehen, würde mir großes Vergnügen machen, erstens weil Du ihn nicht leiden kannst, und zweitens weil er ein hübscher Kerl ist und unserm Galgen zur Zierde gereichen wird. Das läßt sich hingegen von meiner krummbeinigen Schneiderspinne durchaus nicht erwarten; drum hätt' ich für mein Theil nichts dagegen, wenn wir ihn laufen ließen. Ich meine nicht etwa von wegen dem bißchen Lebensretterei, denn erstens sind wir da bloß quitt, und zweitens geht die Bürgerpflicht vor. Ich weiß auch nicht recht, ob ihn die Bürger sich auch diesmal wieder nehmen lassen wie damals zu Pfingsten; denn sie wollen doch auch mal ein kleines Vergnügen haben bei all dem Elend. Am Ende ist das Beste, wir übergeben die beiden Kerls dem Herrn Kommandanten, dann sind wir alle Verantwortung los."

"Das möchte ich doch nicht gern", sagte Jürg nachdenklich. "Sobald der Handel amtlich wird, ist Beiden der Tod sicher. Sie ausliefern heißt: sie ans Messer liefern. Die Verantwortung also trage ich dann eben erst recht. Und doch ist die mir drückend bei allen beiden. Mit dem Schneider — nun, da weißt Du ja selbst, warum. Aber auch mit dem Herrn Barnim Hogenholt hat es seinen Haken. Ich habe einen Span mit ihm, und ich fühle mich nicht sicher, daß es mir nicht Freude machen würde, ihn so ein bißchen in Schimpf und Schande zu sehen, wenn auch mein Groll nicht grade bis zum Hängen und Erschießen geht. Aber ein Richter soll unparteiisch sein, frei von Haß und Gunst: und also passe ich nicht zu seinem Richter, auch nicht auf diesem Umwege. Pust, ehrlich gestanden, es wäre mir lieber, Du hättest alle beide gleich aufgespießt oder gleich laufen lassen."

"Dazu ist schließlich immer noch Zeit", meinte Pust seelenruhig, "ganz besonders zum Laufenlassen. Ich brauche ja bloß meine Ehrenwache bei Seite zu schieben, bloß drei Schritt um die Ecke."

"Bloß daß die Leute keine Kegel sind, die sich setzen und wegnehmen lassen", sagte Jürg bedenklich, "zum mindesten schwatzen sie: und Geschwätz hat schnelle Beine und ein üppiges Wachsthum. — Die Schweden können wir bei Seite lassen, ja, auch des löblichen Rathes Kriegskommission, darauf will ich's wagen. Kleine Unregelmäßigkeiten können wir uns erlauben. Allein die Bürger dürfen wir nicht übergehen, solche Willkür möchten sie uns doch ernstlich verübeln. Ich denke, ich rede grabeaus mit den Zunftmeistern — ach was, das riecht auch schon amtlich und perrückenhaft: lieber gleich mit den Leuten von den Compagnien, was da jetzt auf dem Markte zusammenkommt. Das Verfahren ist ein bißchen wild und außer der Regel; doch das ist jetzt Manches: dafür werde ich mir die Beiden so am leichtesten frei bitten."

„Den Schneider, das mag glücken", bemerkte Pust schnell, „darauf bist Du ja schon eingefuchst: aber den Hogenholt hängen sie Dir vor der Nase, darauf biet' ich jede Wette; das ist grade ein gefundenes Fressen für sie."

„Du hast leider Recht", sagte Jürg verdrießlich, „also wäre ich da doch wieder Richter und Henker. Zum Teufel, das will ich nicht! Ich nehm' es auf meine Kappe. Pust, schaffe mir den Mann im Stillen in mein Haus; dann wollen wir weitersehen. Soll ich mich zum Sklaven dieser blöden Rotte machen? Grade jetzt, wo ich anfange, ein bißchen ihren Herrn zu spielen? Pah, wenn ich gehorchen wollte, wäre ich Soldat geworden. Und zehnmal lieber nach Einem gehorchen, der weiß, was er will, als einer schwankenden Masse. Nein, den Barnim behalt' ich für mich; ich thue genug, wenn ich um den Andren bei ihnen bettle. Püst, thu mir die Liebe, das einzuleiten."

„Mir auch recht", sagte Puft. „— Und immer will ich jetzt gehen, den Leuten mein hübsches Märchen von dem klugen Schiffer und dem dummen Kurfürsten zu erzählen."

„Thu das", nickte Jürg befriedigt, „ich komme dann bald nach auf den Heumarkt. Aber erst eine Seelenstärkung; Du hast sie mal wieder überreichlich verdient. Ich hab' hier einen Rheinwein, den trink' mit Verstand; es ist eine Sorte, die man immer nur zu kosten kriegen sollte nach einer tapfern That."

Er füllte ihm einen stattlichen Humpen mit dem goldklaren Wein, dessen Duft durch das ganze Zimmer quoll; Puft trank und leerte ihn mit einem langen Zuge.

„Das ist gut für den Durst", erklärte er gemächlich, „zum richtigen Trinken ein bißchen wässerig. Da ist Rum besser."

Jürg lachte, und Puft verließ das Zimmer.

Dreiunddreißigstes Kapitel.

Pust fand auf dem Heumarkt schon eine ansehnliche Zahl bewaffneter Bürger versammelt. Sie standen in guter Ordnung nach ihren Compagnien; ihre Haltung war durchweg ernst, fest und besonnen; gedrückt erschien Niemand, Mancher etwas feierlich; Lachen und müßiges Geschwätz war kaum zu vernehmen.

„Na, Leute," rief Pust, indem er behaglich ihre Reihen abschritt, „die Sache steht nicht schlecht. Ihr wißt doch, wo ich heut Nacht und gestern gewesen bin? Nicht? Na, da könnt Ihr's Euch wohl denken. Im kurfürstlichen Lager natürlich."

Eine lebhafte Erregung und Aufmerksamkeit that sich allenthalben kund.

„Na, merkt Ihr was?" fuhr er fort, „ich hab' da ein bißchen meine Neugier befriedigt. Natürlicherweise hab' ich auch den Kurfürsten selber gesehen und ihn sprechen hören. Und das, muß ich sagen, war sehr was Merkwürdiges. Der arme Herr ist nämlich ganz verzweifelt, daß die große Beschießung so garnichts fruchten will. Er steht den ganzen Tag, dreht die Daumen umeinander und starrt nach unsern Wällen, ob die weiße Fahne noch nicht aufgezogen wird. Ja, starre Du man, Kurfürsteken, unsre weiße Leinwand brauchen wir zu Hause und nicht draußen auf dem Wall.

Und dann hab' ich ihn reden hören.

‚Diese Stettiner müssen ja höllische Burschen sein,' hat er gesagt, ‚daß sie so was aushalten können; da kommen meine Brandenburger doch nicht gegen auf. O, du meine Güte! All meine schönen Bomben reineweg verschwendet. Die Stettiner pfeifen drauf. Wenn ich ihr König wär', ich schenkte jedem Einzelnen hundert Dukaten — so aber laß ich jeden Einzelnen aufhängen, wenn sie sich jetzt auch noch freiwillig ergeben; sie haben mich schon zu schändlich geärgert. Aber da wird nichts draus, das seh' ich ja schon jetzt. Schon die Stettiner allein zwinge ich nicht, es sind zu verfluchte Kerls. Und dann sind da doch auch noch die Schweden, auch ganz tüchtige Leute; und das Schlimmste ist, sie kriegen Entsatz; das Hülfsheer aus Livland ist schon bei Danzig angekommen. Und in Stralsund rüsten sie auch mächtig. Hole der Teufel die ganze Stadt Stettin und ihre verderblichen Bürger! Ich muß mit langer Nase abziehen, es wird nicht anders.'

Ja, Kinder, das hab' ich mit eigenen Ohren aus

dem hochkurfürstlichen Munde gehört. Was sagt Ihr nun dazu? Die Sache steht nicht schlecht."

So sagte Schiffer Pust. Laut jubelnder Zuruf ward von allen Seiten vernehmbar, und die derben Gestalten reckten sich stolzer und freier in die Höhe.

„Ja, wenn nur Alles wahr ist!" wagte eine mäkelnde Stimme sich hervor.

„Was?" schrie Pust wüthend, „was soll nicht wahr sein, Du dämlicher Gelbschnabel? Daß der Herr Kurfürst 'ne lange Nase hat, wißt Ihr ja doch alle; warum soll er denn nicht also mit ihr abziehen können? Und wenn dies wahr ist, versteht sich das Andre doch ganz von selber."

Es gab hie und da ein mäßiges Gelächter; doch der Glaube war befestigt. Pust konnte vergnüglich seine weiteren Abenteuer berichten.

Nicht lange hiernach erschien Jürg Wichenhagen auf dem Markte. Froh ließ er sein Auge über die ruhigen Reihen schweifen, die ihn mit gehaltener Freude begrüßten.

„Kinder," begann er, „den Dank für Eure wackere Haltung in diesen Tagen und Nächten wird Euch der Herr Kommandant selbst aussprechen. Ich aber habe vorher eine Bitte an Euch, wenn man es so nennen will, oder auch einen guten Rath.

Denkt Euch, Schiffer Pust hat in letzter Nacht einen brandenburgischen Kundschafter erwischt, beim

Kragen genommen und dingfest gemacht. Was meint Ihr nun, was soll man anfangen mit dem? Wenn wir ihn wieder laufen lassen, wird er hingehen und dem Kurfürsten berichten, was er hier bei uns gesehen hat."

„Das soll er nicht!" scholl es vielstimmig aus der Menge, „aufhängen! Aufhängen! An den Galgen den Schuft! Er soll nichts berichten. Er soll nichts verrathen!"

„Aber warum denn nicht?" fragte Wichenhagen mit großer Ruhe, „was kann er denn berichten? Was hat er denn gesehen? Er wird doch nur sagen können: ‚Die Stadt Stettin ist vertheidigt von Bürgern, deren jeder ein Held ist. Die Bürger Stettins sind nicht einzuschüchtern weder durch Bomben noch durch Feuer. Sie stehen fest auf ihrem Posten, alle ohne Ausnahme, denn sie wissen genau, es kann ihrer Stadt Niemand etwas anhaben, auch kein Kurfürst von Brandenburg. Und wenn der Herr Kurfürst noch eine Weile so weiter knallt und sein Pulver vergeudet, so wird er Bankerott machen: aber die Stettiner ergeben sich nicht!' — So etwas wird er berichten, denn das und nichts Andres hat er hier gehört und gesehen. — Oder sollte ich mich irren? Sollte er doch etwas gehört haben, was nicht ruchbar werden darf? Sollte Jemand unter Euch ein Wort von Furcht und Ergebung geredet haben? Das wäre denn freilich ganz etwas Andres —"

„Nein! Nein! Nein! Nein!" riefen die Bürger begeistert, „Niemand spricht von Ergebung. Horja Stettin! Wir schlagen uns weiter bis zum letzten Mann."

„Nun also!" sprach Jürg, „das ist's ja, was ich meine. Wir wollen den Burschen laufen lassen. Denn nach seinem Bericht muß der Kurfürst denken: ‚Mit diesen Stettinern ist doch nichts anzufangen; die sind kein Braten für mich. Ich will sie lieber auch laufen lassen und nach Hause reiten. Es ist lustiger, mit den Franzosen sich zu raufen als mit den Stettinern; die sind mir zu zäh, die schmecken mir wie Leber.' So wird er denken und danach wird er thun. Und das können wir uns gefallen lassen. — Was meint Ihr also, was machen wir mit dem Kundschafter? Der Kerl heißt übrigens Holzbock, lustigen Angedenkens, und ist immer noch Schneider und immer noch krummbeinig."

„Laufen lassen! Laufen lassen!" schrie es von allen Seiten, zum Theil unter lautem Gelächter.

Wichenhagen schickte Pusten mit zwei andern Bürgern zum nahen Kohlmarkt hinauf, um diesen Gefangenen in Freiheit zu setzen. Von dem andern empfahl er Pusten heimlich entweder Jene nichts wissen zu lassen oder, wenn das nicht anginge, ihn offen vor ihren Augen durch die Wachen nach seinem Hause zu bringen. Er wolle es ihnen später schon mundgerecht machen.

Während er mit dem Schiffer dieser kleinen Heimlichkeit pflag, begann sich in den letzten Reihen der Bürger hinter seinem Rücken ein stilles Murren zu regen.

„Da haben wir wieder mal 'ne Dummheit ge= macht," brummte der lange Boldewan, „wir hätten da näher nachfragen müssen. Da ist etwas nicht richtig."

„Das sag' ich ja immer," stimmte der Zimmer= geselle Tewes Bagemöhl eifrig ein, „es ist etwas nicht richtig mit dem Wichenhagen."

„Das hab' ich nun grade nicht gesagt," meinte Boldewan vorsichtig, „aber merkwürdig ist es, wie er es immer ein bißchen mit solchen Spionen hält, mal so und mal so. Ich weiß, was ich gesehen hab'; erklären kann ich's nicht. Heißt Einer Beien= burg, ein Stettiner Kaufmannssohn, der dient bei den Kurfürstlichen; Lutz Wernicke hat's ausgesagt; ebendenselbigen habe ich als Schiffer verkleidet mit Wichenhagen zusammen im Dunkeln durch die Straßen schleichen sehen. Und das vor drei Tagen. Ich sag' ja, erklären kann ich es nicht; aber merkwürdig ist es."

„Ich kann's erklären," meinte Bagemöhl dreist.

„Ich will aber nichts gesagt haben," sprach Boldewan dagegen, „als man könnt' ihm ein klein bißchen mehr auf die Finger sehen."

„Ja, da wird was Schönes 'rauskommen," knurrte der Zimmergesell.

„Nein, Schlimmes kann ich nicht glauben," sagte Boldewan mit mißbilligendem Ernst, „und will es auch nicht. Es wär' ja garnicht zu verstehen. Was er jetzt diese Tage für uns gethan hat, das sah nach Verrätherei wahrhaftig nicht aus. Ich werd' ganz kopfscheu, wenn ich drüber nachdenk', wie sich das reimen soll."

„Wir hätten den Holzbock festhalten sollen und auf der Folter ein bißchen ausquetschen," bemerkte Böttcher Eickstädt, „da schenkt Mancher klaren Wein, der sonst gern im Trüben fischt."

„Das hab' ich ja sagen wollen," rief der Knochenhauer eifrig, „ihn laufen zu lassen, das war 'ne Dummheit. Eigentlich schon damals zu Pfingsten. Es ist Manches nicht richtig. So auch das mit den Hogenholt's. Von dem Heirathen will ich nichts sagen, denn es ist ein hübsch Mädchen. Aber mit den Alten. Erst kabbelt er sich mit ihnen oder thut doch so: Dann wieder dick Freund mit ihnen; das hat er doch gestern öffentlich erklärt und sie öffentlich umärmelt. Ich sag' bloß immer: aus diesem Wichen=

hagen soll der Deubel klug werden, weiter kann ich nichts sagen. Ich werd' noch ganz dumm davon."

"Na, das warst Du wohl schon immer," höhnte Tewes Bagemöhl, "das ist Deine Natur. Ich könnt' Dir schon ein Licht aufstecken, ich versteh ihn sehr schön. Aber bei Dir wird's wohl nicht langen, es richtig zu begreifen."

Der Knochenhauer holte zu einem wuchtigen Schlage aus, aber Tewes entwischte.

"Du mußt auch immer gleich draufhauen," sagte Eickstädt tadelnd, "man hätt' ihn doch hören sollen. Vielleicht war's Unsinn, was er gesagt hätt', vielleicht auch nicht. Ein schlaues Luder ist er."

"Ich weiß nicht mehr, was ich sagen soll," bemerkte der Knochenhauer.

Ein jähes Schweigen trat ein, denn Jürg Wichenhagen schritt in einiger Nähe vorüber. Als er weitergegangen war, begann sich das Raunen und Reden von Neuem zu regen und verbreitete sich in langsamen Wellenringen still über den Marktplatz.

Endlich nahte der Kommandant, begleitet von einer stattlichen Zahl seiner Offiziere nebst einem kurfürstlichen Hauptmann und begrüßte die versammelten Mannschaften der Bürgerwehr. Wichenhagen verwandte von diesen keinen Blick, indem er sich etwas seitwärts ihrer Front gegenüberstellte; sein scharfes Auge belauerte jede ihrer Mienen und Bewegungen.

„Leute," begann der Kommandant sehr gnädig und herzlich, „dieser Herr hier kommt aus dem feindlichen Lager, uns zur Ergebung aufzufordern. All das Unglück thue Seiner Kurfürstlichen Durchlaucht um Kirchen und Stadt leid. Er wolle einen Accord eingehen, wie wir ihn verlangten. Es steh uns frei, durch Deputirte seine Artillerie in Augenschein zu nehmen, um uns zu überzeugen, daß noch nicht die Hälfte gebraucht worden sei.

So der Antrag des Belagerers. Ich für mein Theil hege nicht die Meinung, es sei darauf einzugehen: doch ich wollte nichts Festes beschließen, ohne Euch, meine treuen und tapferen Kampfgenossen. Ich weiß, Eure Verluste und Leiden sind groß; doch Ihr habt alle Noth bisher ertragen wie Helden. Wollt Ihr, daß ich Seiner Kurfürstlichen Durchlaucht vermelden lasse: Wir sind gesonnen, uns weiter zu wehren; oder wollt Ihr Euch etwa von der Furcht übermannen lassen und auf Bedingungen eingehen?"

Herr von Wulffen schwieg, und sein ruhiger, ernster Blick forderte die Antwort von der Menge.

Doch es kam keine Antwort. Eine tiefe Stille trat ein. Es war, als ob der Schreck vor einer großen Entscheidung, die unverhofft vor sie hintrat, die Gemüther überwältigte. Keine Hand regte sich, keine

Lippe flüsterte, die Blicke sanken auf den Boden. Ein unhörbarer Hauch ging durch die Reihen wie ein verhaltener Seufzer der Erinnerung an die furchtbaren Leiden der letzten Tage. Das Schweigen ward beklemmend.

Da drang Jürg Wichenhagens heitere Stimme hindurch:

„Herr Kommandant, die Leute schämen sich Ihrer Frage. Der Bürger hat sie mißverstanden und glaubt einen Zweifel an seinem Mannesmuthe darin zu finden. Sagen Sie uns, daß es nicht so gemeint war, daß Sie garnicht an uns zweifeln. Kinder, oder sagt Ihr's lieber gleich dem Herrn Kommandanten: es giebt keinen wehrhaften Bürger Stettins, der verzagt genug wäre, von Bedingungen zu reden. Oder wer anders gesinnt ist, sage es getrost. Ist Einer unter Euch, der von Ergebung etwas wissen will?"

Sein herrschender Blick lag fest über der Menge und schien keinen Einzelnen aus seinem Banne loslassen zu wollen.

„Niemand!" antworteten zuerst einige ruhige Stimmen aus den vorderen Reihen; aber dann fiel sogleich mit Schallen und Dröhnen der hundertstimmige Chor ein:

„Niemand! Niemand! Horsa Stettin! Nieder mit Brandenburg! Wir ergeben uns niemals."

„Ich danke Euch, Bürger," sagte der Kommandant kurz, die Hand freudig emporhebend, „jetzt weiß ich, was ich zu thun habe. — Herr Abgesandter," wandte er sich mit Haltung an den kurfürstlichen Hauptmann, „Sie hören, wie hier die Stimmung ist. Melden Sie Seiner Durchlaucht, Ihrem Kriegsherrn: Wir sind nicht anders gesonnen, denn uns zu wehren. Wir wollen unserm Könige, wo nicht die Stadt, doch die Wälle und die Mauern überliefern. Die kurfürstliche Artillerie zu besehen ist nicht vonnöthen."

Der Hauptmann machte eine stumme Verbeugung und trat zurück.

„Wo ist der Rathsbote?" fragte jetzt Herr von Wulffen. Der Geforderte trat vor.

„Melde Er den Rathsherren," rief Jener laut, „was Er hier vernommen hat. Der Rath und die Kaufmannschaft haben sich geirrt."

Neuer brausender Jubel des Volks begrüßte die knappe Rede, deren Sinn jeder Bürger ohne Erklärung begriff.

„Was die Reichen sind," bemerkte Reifschläger Pohlmann, „die haben Angst für ihr Geld und ihre Wurstkammern. Uns kann das nicht anfechten; Arbeit kriegen wir immer. Und wenn Alles in den Dreck geht, werden wir alle Maurer und bauen's wieder auf. Der König und die Reichen müssen es zahlen."

„Ja, das soll wahr bleiben!" bestätigte der Lohgerber Zacharias Fleck.

Inzwischen trat Herr von Wulffen auf Wichenhagen zu, der immer noch in stillem Aufmerken die Leute beobachtete, und begrüßte ihn lebhaft und herzlich.

„Sie haben unserm Könige in diesen Tagen eine Schlacht gewonnen," erklärte er feierlich, „die wohl schwerer wiegen mag, als die Schlappe von Fehrbellin. Ich danke Ihnen im Namen des Königs."

Er schüttelte ihm die Hand, und die andern Offiziere folgten diesem Beispiel.

Jürg nahm das hin in vollkommener Ueberraschung, mit wortlosem Staunen.

„Ich weiß noch Jemanden," fügte Herr von Wulffen leiser hinzu, „der Ihnen gerne ein Wort des Dankes sagen möchte; ich glaube, von Herzen. Wollen Sie dem armen Fräulein die Freude gönnen?"

„Ich gehe sofort zu ihr," rief Jürg mit aufleuchtenden Blicken.

Indem er dahinschritt, vernahm er hinter sich einen leisen Zuruf:

„Vale Coriolane!"

Wie von einem Pfeil getroffen fuhr er herum und sah in das ernste, bekümmerte Antlitz seines

Freundes Beienburg. Doch ehe er etwas erwidern konnte, ward diesem von den schwedischen Offizieren die Binde um die Augen gelegt und er von bannen geleitet.

In dumpfer Erschütterung blieb Jürg stehen und starrte ihm nach.

„Was willst Du von mir, Konrad?" murmelte er verstört, „Du kannst mich nicht verstehen. Ich konnte nicht anders. Ich hab's nicht zu verantworten."

Auf einmal fühlte er leise seinen Arm berührt. Lutz Wernicke stand neben ihm und hatte Thränen in den Augen.

„Haben Sie ihn gesehen, Herr Wichenhagen?" fragte er bekümmert, „er sah so traurig aus. Mit der Sache unsers Herrn Kurfürsten muß es sehr schlecht stehen."

„Was geht mich der Kurfürst an?" fuhr Jürg hastig auf, „er soll mich in Ruhe lassen. Er ist ein Held, den ich verehre, aber nicht mein Fürst. Ein deutscher Held, den ich liebe; aber wen geht das etwas an? Es ist ganz gleichgültig. Nicht einmal mich selber darf es etwas angehen. Seine Sache ist nicht die meine."

Er drückte Lutzen flüchtig die Hand und schritt eilig von bannen. Der schaute ihm verdutzt und kopfschüttelnd nach.

Vierunddreißigstes Kapitel.

Wichenhagen stand vor Estrid von Wulffen in deren Gärtchen auf dem Schloßdache. Er blickte in ein Antlitz von gehobener Schönheit; ein unruhiges Roth bedeckte ihre durchsichtigen, schmalen Wangen, die großen Augen glänzten mächtig von Bewunderung und Freude. Ihre Hände zuckten bei der Begrüßung leise in den seinen.

Er nahm Platz neben ihrem Ruhesessel.

„Jürg," rief sie ihn feurig an, „mein Ritter, mein Held! Den schönsten Lorbeer auf Ihr freudiges Haupt! Nur daß ich freilich fürchte, Sie verschmähen meinen schlichten Lorbeer in Ihrer selbstgenugsamen Seele."

„Was bedarf ich des Lorbeers?" entgegnete er, sich zur Gelassenheit zwingend, „habe ich doch die heiße Freude an der That: die ist mehr; die ist alles."

Sie blickte ihn an mit einem sonderbaren Lächeln.

„Die That?" fragte sie langsam, „was ist denn die That? Das Kind hat Freude an der That, weil sie That ist, am Spiel als Spiel. Es dreht sich im Kreise und schaukelt gedankenlos auf und nieder und freut sich und lacht; es wirft den Ball und fängt ihn wieder und wirft und fängt ihn hundertmal und aber hundertmal und lacht und freut sich: ist das Jürg Wichenhagens Art, sich so am Spiel zu erfreuen? Nein, machen Sie mir nichts weis, was ich doch nicht glauben kann: wenn ein Mann ringt und siegt, so thut er es um den Lorbeer. Aber vielleicht um einen Lorbeer, das wollen Sie sagen, der so hoch ist und so zart und so kostbar, daß Menschenhände ihn nicht darreichen können, daß er selbst in Worten nur schwer sich benennen läßt."

Er schüttelte ablehnend den Kopf.

„Ich weiß von keinem solchen Lorbeer," versetzte er zögernd und ein wenig betroffen, „ich gleiche in Wahrheit jenem Kinde, von dem Sie reden: ich schaukle und drehe mich im Kreise und werfe den Ball; das ist Alles, was ich treibe. Ich will mich schämen, daß ich solch ein Kind bin, aber ich kann's nicht ändern. Ich mag mich nicht höher schrauben, als ich stehe: es ist die That, die mir Freude macht, und weiter nichts."

Sie lächelte wiederum freudig und bedeutsam.

„Also hätte ich Ihre Rede von ehedem mißhört," erwiderte sie ruhig, „als ich diesen spielenden Knaben schwärmen hörte von der Lust, gegen den Kurfürsten zu streiten, den sie den Großen nennen, von der brennenden Begier, mit ihm sich zu messen und grade nur mit ihm, in seinen Augen etwas zu gelten, von ihm gefürchtet zu werden als ein ebenbürtig streit= barer Feind? Ist das Knabenlust und kindliches Spiel? Oder ist es ein Ringen nach dem edelsten Lorbeer?"

Er schüttelte nochmals den Kopf, fast beklommen und traurig.

"Auch Knaben," sagte er, "spielen um solche Ziele; sie laufen und schleudern und springen, einzig um einander ebenbürtig oder überlegen zu heißen, frisch und gedankenlos, und fragen nach keinem Zwecke, weder nach einem großen noch nach einem kleinen. Und das that ich auch. Verdiene ich ja einen Lorbeer, so muß ich ihn mit jedem Schuljungen theilen."

Sie lachte hell auf.

"So werden auch Alexander und Cäsar und Gustav Adolf mit Ihren Schulbuben theilen müssen: denn was wollten die weiter, als Andern überlegen sein und Jeder der Erste heißen auf seinem Felde — daß ihr Feld ein bißchen weiträumig war und etwa die Welt hieß oder doch Europa: das macht keinen Unterschied, nicht wahr, Sie guter, bescheidener Knabe? — Jürg, lassen Sie mich nicht glauben, daß Sie nur groß thun wollen mit Ihrer Bescheidenheit. Es giebt auch eine Demuth, die Prahlsucht ist."

„Estrid!" rief er gekränkt und vorwurfsvoll.

„Nein," sagte sie beschwichtigend, „ich weiß, daß es bei Ihnen etwas Andres ist: Sie ahnen Ihren Lorbeer, aber Sie fürchten sich, ihn bei Namen zu nennen, ihn mit dreister Hand zu packen, weil er viel höher schwebt, als Sie von Hause aus zu greifen gewohnt sind. Sie fürchten, er möchte vor Ihren glückzitternden Händen wieder in die Wolken zurück= fliehen. Ihre Augen sind noch geblendet von dem Goldglanz, den er ausströmt. — Nun, gut denn, um so viel schöner für mich: so darf ich es sein, die den Ehrenkranz aus den Wolken herabholt und Ihnen fest auf die Stirne drückt. Jürg, wollen Sie es leugnen? Sie haben in diesen Tagen — und Sie allein — dem Könige von Schweden seine Festung Stettin gerettet."

„Ja!" sagte er fest und gelassen, „zum wenigsten war sie ohne mich verloren. Aber ich that es im Spiel — nicht um den Schwedenkönig; ich that es, um die Macht meines Willens zu genießen. Denn es ist eine Wonne, so die Seelen zu lenken nach Lust und eigenem Belieben mit ein paar flüchtigen Worten. Eine heiße Wonne bis ins innerste Mark; Kampflust und Siegesfreude sind armselig daneben. Dem willenlosen Soldaten als Feldherr zu befehlen, das ist eine leichte und freudlose Kunst: aber freien Männern ihre Willkür zu entwinden und sie spielend zu beugen unter geheimen Zauberspruch, das ist herrlichste Lebenswonne. Um die that ich's, nicht um den Schwedenkönig."

„Nein, nicht um den Schwedenkönig," fiel sie lebhaft ein, „nicht um Gustav dem Zweiten einen vergnügten Tag zu machen — nein, wahrlich nicht; so zierlich klein ist Wichenhagens Ehrgeiz gewiß nicht. Sie wollen über Europas Schicksal entscheiden aus ureigener Macht: das ist Ihr großes Streben. Ja, Sie wollen die Macht Ihres Willens genießen: aber nicht die Macht über den guten Pöbel von Stettin, über Schuster und Schneider und Gerbergesellen, sondern über Europas Fürsten und Könige! Das war Ihr Ehrgeiz, Ihr glänzender, edler, vornehmer Ehrgeiz — und siehe, diesem stolzen Verlangen ist Erfüllung geworden: Europas Zukunft liegt in Ihrer Hand. Heil Ihnen, Wichenhagen!"

„Halten Sie ein, Estrid!" unterbrach er hastig ihre leidenschaftliche Rede, „Sie sind außer sich, Sie reden maßlose Dinge, deren Sinn ich nicht verstehe. Nicht Estrid von Wulffen höre ich sprechen, die Kluge, die Klare, sondern eine wilde Schwärmerin, die wahllos die Worte heraussprudelt, schwere wie leichte. Estrid, Ihre Augen brennen wie im Fieber, und das zuckende Roth auf Ihren Wangen ist nicht die Farbe der Gesundheit."

„Man sagt," versetzte sie schnell, „daß Fieberkranke und Sterbende oftmals die Wahrheit der Dinge viel tiefer erfassen als die kühle Nüchternheit des täppisch Gesunden; und es giebt große Erkenntnisse, die das Blut auch des klaren Denkers entzünden können zu einem freudigen Rausch, der für ein dumpfes Auge wohl einer Thorheit gleich sehen mag. Sie aber, Jürg, sollen keine dumpfen Augen behalten, ich vermesse mich, Sie entzünden zu können zu gleichem Rausche — ja, auch Sie sollen so fiebern, auch Sie sollen Freude haben an Ihren Thaten, hochfliegende Freude!

Jürg, Sie sollten es wissen: um was hier gefochten wird zwischen Brandenburg und Schweden, das ist nicht der Besitz des Städtchens Stettin, seiner Gassen und Häuser, seines dürftigen Reichthums: es ist das Meer, um das sie kämpfen, die weite Ostsee. Stettin ist für Brandenburg die große Pforte ins Freie, für dies Brandenburg, das auf dem Lande schon längst wie eine gierige Raubspinne nach Osten und nach Westen greift und immer trotziger sich auswächst: was soll erst werden, wenn es aus dem Meere sich neue Riesenkraft saugt? Es wird weiter um sich krallen und immer weiter; oder meinen Sie, daß es dann noch still stehen kann und rasten auf seinem Raube? Nein, um den zu vertheidigen, muß es immer wieder angreifen; es muß unerbittlich immer aufwärts steigen, bis es so groß geworden ist, daß keine andere Macht ihm einen Fetzen seiner Riesenbeute mehr entwinden kann. Ob es will oder nicht, es muß der allmächtige Herr werden in Europa, oder es bricht wieder in sich zusammen.

Das bedeutet Stettin für die brandenburgische Macht. Und was ist es für Schweden? Das starke Festungsthor, das uns die Herrschaft über unsere Ostsee verwahrt. Denn auch Schweden kann sich nicht begnügen mit dem, was es schon hat — oder Gustav Adolf hätte uns umsonst gelebt. Wir haben unsere Fühler ausgestreckt nach allen Küsten der Ostsee: wir halten Finnland und Livland und Pommern und Wismar und Bremen: was sollen uns diese Bröckel, außer daß sie uns die Grundpfeiler werden sollen für ein gewaltiges Gebäude? Die ganze Ostsee ein schwedisches Binnenmeer, das ist unsere Zukunft! Wieviel fehlt daran noch, wenn wir Brandenburg niederwerfen und sein Preußen und Pommern ihm abgewinnen? Sollten Kurland und Dänemark uns noch widerstehen? Die Ostsee ein schwedischer Landsee, und wir sind die Herren in Europa. Hat nicht Gustav Adolfs Kleinschweden schon den Kaiser bezwungen mit all seinen Spaniern und Wallonen und Kroaten und all seinen Völkern

aus dem römischen Reich: und sollte das neue Groß=
schweden nicht dreimal Größeres vermögen?

Ist das nun der Traum einer Fieberkranken?
Ja, freilich ist er's, sobald Stettin uns verloren geht.
Ja, sehen Sie, Jürg, um so große Dinge wird hier
gefochten. Aber das alles wissen Sie ja viel besser
als ich. Doch ich frage nur noch Eines: in wessen
Hand hat die Entscheidung bis heute geruht und
ruht sie noch weiter? — Jürg Wichenhagen nennt
sich der Mann, der zweien mächtigen Völkern ihre
Zukunft zuwägt, vielleicht die Zukunft der Welt.
War Stettin nicht verloren für Schweden, wenn er in
diesen Schreckenstagen auch nur schweigend bei Seite
stand? Und ist es nicht morgen und alle Tage ver=
loren, sobald es ihm einfällt, nur ein lächelndes
Wort zu seinen Bürgern zu sprechen: ‚Kinder, wir
haben genug an dem Blut und Schrecken; es ist das
Klügste, wir öffnen unsre Thore —?' Jürg Wichen=
hagen, Sie sind furchtbar mächtig geworden im
Welttheil Europa!"

Jürg stand eine Weile stumm in heißer Erregung,
hingerissen von ihrer Begeisterung und Leidenschaft,
übertäubt von ihrem unerhörten Gedankenstrom.

„So habe ich die Dinge noch nicht gesehen,"
stammelte er endlich verwirrt und erschüttert. Estrid
lag weit zurückgelehnt und hielt die Augen offen

und groß wie in seliger Verzückung gegen den Himmel gerichtet.

„Mein Ritter — mein Held," flüsterte sie schwärmerisch, „ich könnte Sie fürchten in Ihrer maßlosen Macht — und einmal überlief der Zweifel leise mein Herz — doch jetzt weiß ich lange fest wie das Evangelium: Jürg Wichenhagen kann niemals sich selber untreu werden! Das ist nicht möglich, weil es wider die Natur ist, wider seine eigene hohe Natur. Hier ist die Schranke seiner schrankenlosen Macht: sonst nichts auf der Welt, nur seine eigenen Thaten bannen ihn in ihren Kreis. Mag kommen, was will, er muß ewig er selbst bleiben — mein Held, mein Ritter, mein Freund!"

Endlich übermannte es ihn ganz. Er warf sich vor ihr auf die Kniee und küßte ihre Hände. Sie strich ihm leise mit der blassen Hand über die üppigen Locken.

„Mein großer Freund," hauchte sie beseligt, „ich habe mir nie so Schönes geträumt, als solch einen Freund zu haben — alles Andre kann ich entbehren. Des Vaterlandes Siegeskranz auf Wichenhagens Haupt, und meine Hand, die ihn aufsetzt: mehr verlange ich vom Schicksal nicht. Ich bin gesättigt."

„Und ich bin trunken," rief er sich aufraffend, „ich höre wirre Stimmen, die ich nicht hören mag und die sich mir doch aufdrängen und mich berauschen wollen. Es muß furchtbar schön sein, in solcher Höhe zu schreiten; schon dieser Augenblick eines blind sich selbstgenießenden Traumes war unsäglich schön. Doch er ist vorüber, ich bin im Erwachen — Estrib, aber ich schaudere vor diesem Erwachen."

„Sie werden zur Klarheit erwachen und sich selbst erst kennen!" rief sie begeistert, „ein Mann ist erst groß, wenn er weiß um seine Größe, wenn er sich selbst höher stellen muß als Alle, die ihm bisher für gewaltig gegolten. Gut, heißen Sie jenen Kurfürsten immer noch den Großen — aber sagen Sie sich nur um so stolzer: Ich trage seine Zukunft in meiner Hand; ich könnte ihn erhöhen und sein ganzes Geschlecht — und ich werde ihn erniedrigen: um wieviel bin ich größer als er?"

Er trat jäh einen Schritt zurück, wandte sich halb von ihr ab und blickte mit irr wandernden Augen hinaus über die Stadt und die kriegerischen Lager in die weite Landschaft. Mehr und mehr wurden seine Augen starr, alles Blut wich aus seinen Wangen.

„Und wenn nur ein einzig Theilchen davon wahr ist," stieß er plötzlich mit angstvoll gepreßter Stimme hervor, „wie soll ich die ungeheure Verantwortung tragen?"

Estrib vernahm diese Worte nicht mehr. Eine Starrheit hatte schon zuvor ihre Züge überlagert, ihre Augen blickten verglast, die Zähne preßten sich scharf knirschend aufeinander. Jetzt bäumte sie sich auf und schlug mit den Händen um sich; endlich brach sie in durchdringende Jammertöne aus.

Entsetzt warf sich Jürg über sie und versuchte, ihr zu helfen, ihre Qualen zu lindern; doch schon kamen Dienerinnen heraufgestürzt und entrissen sie fast gewaltsam seinen Händen.

Nach einiger Zeit beruhigte sich der Anfall; die Kranke sank in eine Schwäche, in einen todtähnlichen Schlaf. In diesem Zustande ward sie heruntergetragen.

Jürg verließ das Schloß im Innersten erschüttert.

Gewohnheitsmäßig und ohne rechte Absicht begab er sich auf den Wall und schritt langsam an den einzelnen Wachen vorüber; er sprach kein Wort noch blickte er sie an; kaum daß er ihren behaglichen Gruß und Zuruf mit einem matten Kopfnicken erwiderte.

Mit verdrießlichem Erstaunen blickten sie ihm nach.

„Was ist denn dem in die Krone gefahren?" brummte hier Einer, „der macht ja ein Gesicht, als wenn die Katz' donnern hört."

„Als wenn ein schwedischer Offizier Einen ausschimpft," erklärte ein Anderer, „bloß daß er noch stillschweigt."

„Er schweigt auf Schwedisch," bemerkte der Dritte.

Ganz ernstlich betroffen war der Böttcher Eick=
städt.

„Das will mir garnicht gefallen," sagte er mit
besorgter Miene, „wenn das nicht nach 'nem schlechten
Gewissen aussieht, dann hab' ich mein' Lebtag' noch
keinen armen Sünder gesehen. Ich muß doch mit
Boldewan darüber reden. Es kann doch sein, daß
was dran ist an dem Gemunkel. Man mag's nicht
gern glauben; aber irgend was ist nicht in Ordnung.
Man hat doch seine Augen."

Wichenhagen schritt weiter bis in die Gegend
des Mühlenthors.

Hier fiel ihm trotz seiner Versunkenheit ein
Mann ins Auge, der in strammer Haltung mit ge=
schulterter Muskete still vor sich hin in den Bart
weinte und ihn ersichtlich garnicht bemerkte. Er trat
auf ihn zu und fragte theilnehmend:

„Was ist Dir, Lukas Pohlmann?"

„O nichts nicht," entgegnete der ganz ruhig,
„ich heul' bloß so 'n bißchen."

Jürg stutzte. „Warum, Lukas? Sag' mir's."

„Lassen Sie man, Herr Wichenhagen, das hört
bald auf. Mein Pulver halt' ich trocken, da läuft
nichts 'rein. Und sonst schad't es ja Niemanden."

Mehr war aus dem Manne nicht heraus=
zubringen, er weinte nur still so weiter.

Tief durchschauert erkundigte sich Jürg bei dem nächsten Manne.

„Es waren Leute da, die ihn ablösen wollten," berichtete der, „weil eine Bombe ihm seine Frau und zwei Kinder zerrissen hat. Sie schießen doch von draußen immer wieder noch mal, wenn auch nicht mehr so viel. Aber er wollt' nicht weg von der Wache und hat gesagt, sie sollten sie immer begraben, er mußt' hier bleiben und seine Schuldigkeit thun. Und jetzt steht er da und flennt, daß es einen Hund jammern könnt'. Nehmen Sie's ihm nicht übel, Herr Wichenhagen, es ist man, daß er seine Frau und seine Kinder so sehr lieb gehabt hat. Aber er sollt' nu bald aufhören; das kann alle Tage Jedem passiren."

Jürg wandte sich schweigend ab, drückte den Hut in die Stirn und schritt seinen Weg so hastig zurück, als wollte er einem Verfolger entrinnen.

„Jetzt sieht er aber wirklich aus wie das böse Gewissen," sagten die Wachen alle, an denen er vorüberkam.

———

Fünfunddreißigstes Kapitel.

Jürg Wichenhagen erreichte sein Haus.

Als er den Hofraum betrat, vernahm er aus einem offenen Fenster des unteren Stockwerks sonderbare Klänge: erst eine scharfgegliederte, feierliche, langaushallende Rede, dann eine kurze Pause, dann eine hellere und weichere Stimme, die Antwort gab.

Er wandte sich fragend an seinen Diener, der ihm entgegentrat. „Wenn mich nicht Alles täuscht, ist das die Stimme des Herrn Rektors Bambamius."

„Die ist es auch wirklich," bestätigte Jener, „wir haben doch die Schüler von der abgebrannten Rathsschule da untergebracht nach Ihrem Befehl, die keine Eltern hier haben, und nun ist der Herr Rektor gekommen und giebt ihnen Stunde."

„Der Wütherich!" rief Jürg aus, „nicht einmal jetzt giebt er Ferien. Draußen Bombendröhnen und drinnen lateinische Vokabeln! Ist das auch ein Heldenthum, so ist's ein barbarisches."

„Es war aber die höchste Zeit, daß er kam," bemerkte der Diener, „hier ging es toll her, rein wie neulich beim Hochzeitsfest. Die Studenten vom königlichen Gymnasium kamen auf den Hof gestürmt, machten ein fürchterliches Geschrei, fuchtelten mit ihren verdammten Degen und forderten die Andern zum Raufen heraus. Und was das Gemeinste war, sie schrieen auf Lateinisch oder Schwedisch meinetwegen oder sonst solch frembdes Zeug, das ist ganz gleich, Kauderwelsch ist Kauderwelsch. Das machte unsere Herren Schüler natürlich wüthend, und sie kamen aus dem Loch mit höllischen Prügeln, und so ging es los. Aber weil diese nun ordentlich auf Deutsch schimpften, freuten wir uns drüber und holten uns auch Knüppel und halfen ihnen hauen. Und so schmissen wir die lateinischen Studentenlümmel mit 'nem schönen Halloh so sachte zum Tempel 'raus.

Aber jetzt kriegten sich unsre Herren Rathsjungens unter sich das Keilen, und wir vom Hause wußten da nicht mehr, wem wir wohl beistehen sollten, denn es ging Alles drunter und drüber; darum blieben wir stehen und sahen zu. Und es sah auch sehr hübsch aus. Nein, daß die Arme und Beine nicht mehr auseinanderzukennen waren, wem jedes gehörte. Und wär' 'ne Bombe dazwischen gefahren, sie hätten's nicht gemerkt, so schön waren sie in Eifer.

Aber als der Herr Rektor auf den Hof kam, das merkten sie gleich: und sie platzten auseinander, richtig wie solche Bombe in Splitter geht, hopp, hast du nicht gesehn, nach allen Seiten. Und der Hof war leer und todtenstill, und drinnen ging das Schreien los von dem Herrn Rektor. Und die Jungens schreien auch manchmal, aber dann sehr jämmerlich."

Jürg lachte ein wenig, befahl ihm sein Essen herzurichten, und begab sich inzwischen gradeswegs in jene neue Schulstube. Es war ein großes Gemach von ansehnlicher Ausstattung; auf wohlgepolsterten Prunksesseln saßen die Schüler steif und gereckt, scharf beherrscht von den Blicken ihres Gebietigers bis in jede Regung.

Jürg trat lautlos ein im Rücken der Knaben, so daß keiner ihn bemerkte. Aber auch Bambamius schien seltsamerweise nichts von dem Gaste zu sehen, obgleich er ihm doch das strenge Antlitz voll zugekehrt hielt und seine kleinen Augen sonst von gefürchteter Schärfe waren. Mit gelassenem Grimme fuhr er in seiner Lehrarbeit fort, ohne Ton und Ausdruck im Geringsten zu wandeln; sein Blick schien ganz in dem Kreise der Schüler gefangen zu sein und darüber hinaus nichts anzuerkennen als leeren Raum.

„Nachdem wir also diesen Gegenstand nach Ordnung erschöpft und behandelt haben," sprach er mit schrecklicher Stimme, die er gleichtönig und gleichgültig dahinschnarrte, „gehen wir über zu dem nächsten. Die Historie ist an der Reihe. Wir fahren fort, wo wir stehen blieben. — Nicht doch! Repetitio est mater studiorum. Zu Deutsch, Andreas Holtz?"

„Vorsicht ist die Mutter der Weisheit," antwortete dieser schnellfertig und vergnügt, sank aber sogleich unter dem fürchterlichen Strafblicke des Meisters in sich zusammen. Sein Nachbar verbesserte ihn, sich halb zu ihm umwendend, mit einem tief vorwurfsvollen Klange seiner jugendlichen Stimme:

„Die Wiederholung ist die Mutter der Studien. Das will sagen: gleichwie eine Mutter ihr Kind fürsorglich auferziehet und fördert, also fördert ein fleißig Repetiren die Gelehrsamkeit."

„Recte!" sagte Bambamius mit einem Anflug von Milde, dem doch noch genug des Schauerlichen innewohnte. „Ergo, wir repetiren. — Gebhart Ditmar, was weißt Du mir zu sagen: welche Völkerschaften haben vordem in Urzeiten dieses unser schönes Pommerland bewohnt und zu eigen besessen?"

„Wie Tacitus, ein römischer Gelehrter meldet," gab Ditmar Bescheid, „saßen in seinen Tagen an den Ufern der Oder teutonische sive germanische Nationen, so dem Dienste der edlen Göttin Hertha sive Nerthus gehuldigt."

„Recte. Und wie lange ist's her, Matthias Drake, daß solche tapfern Teutonen hierselbst ihr Wesen getrieben?"

„Weit mehr denn tausend Jahre," versetzte Drake in einem klagenden Tone.

„Und was geschah darnach, Joachim Schwalch?"

„Sie zogen von bannen gegen Westen oder Süden, ihr Land aufgebend."

„War das recht oder unrecht gethan, o Kaspar Mejer?"

„Es war gar unrecht: denn man soll das Land, darinnen man geboren ist, lieben und bewahren und es nicht leichtfertig fremden nationibus in die Hände spielen oder fallen lassen."

„Optime et sapientissime. Nur fehlet ein Zusatz."

„Solche Fremdlinge mögen von Norden kommen oder von Osten," holte Mejer erschrocken nach.

„Und was ward aus diesem verlassenen Lande, Crispine Gerstmann?"

„Eheu!" stöhnte dieser in schrecklicher Angst, denn sein Gedächtniß versagte. Sein Anblick war jammervoll. Doch zu seinem grenzenlosen Erstaunen erhielt er eine volle Belobigung.

„Eine fürtreffliche Antwort, besser denn die prächtigste Rede. Ja, cheu! Ja, wahr! Warum eheu, Peter Grawitz?"

„Ein scheußliches Volk, die Wenden oder Sorben genannt, drang ein in die verlassenen Sitze, hauste daselbst mit vielem Uebermuth und betete zu dem erbärmlichen Götzen Triglaff mit dreien Köpfen."

„Ja, scheußlich!" bestätigte der Rektor mehr betrübt als zornig, „doch der Wahrheit soll man kühnlich ins Angesicht blicken. Fremde nahmen den Boden, den die rechten Herren ihnen nicht mehr wehrten. — Und wie' kam es dann weiter, Christopher Schinmeyer?"

„Besagte Wenden," berichtete dieser in beredtem Vortrage, „drangen noch weiter gen Westen bis an die Elbe und noch darüber hinaus. Das waren greuliche, trostlose und heidnische Zeiten. Darnach aber stand König Heinrich der Sachse auf und Kaiser Otto und begannen die Heiden zu dämpfen und todtzuschlagen und gründeten die Mark Brandenburg und andere Marken des teutschen Reiches. Und Bischof Otto von Bamberg kam und bekehrte die Heiden in Pommerland; und hinter ihm kamen deutsche Männer aus dem Westen und setzten sich in die Städte und machten sie groß und verdrängten die Wenden. Und darnach übervölkerten sie auch die Dörfer und Aecker zumeist und enterbten die Eindringlinge, und war bald kein Mensch mehr zu finden im Lande Pommern, der wendisch geredet hätte. Also ward mit Kraft zurückgewonnen, was zuvor aus Uebermuth war verloren worden. Und fortan blieben die Herzöge von Pommern getreue

Lehnsmannen des Reichs durch ein halbes Jahrtausend."

„Rectissime!" belobte Bambamius den wohlunterrichteten Jüngling, „obzwar noch ein wenig confuse. Aber der Haupttheil ist mit Anmuth dargelegt. Ist auch noch zu sagen: als der große Bund gegründet ward von den deutschen Städten, der die deutsche Hansa geheißen ist, haben Pommerns Städte mit Ernst daran Antheil genommen und ihr Gut gemehrt und ihre Ehre gefestigt. Und unser Stettin nicht am wenigsten unter ihnen. Und als die deutsche Kirchenbesserung aufkam, waren Pommerns Städte bei den allerersten, die dem Heil sich zugewendet: und wiederum unser Stettin nicht am letzten. Hundert Jahre darnach aber ging der große Krieg aus über das Reich, und in währenddem Kriege erlosch in Pommern das Herzogsgeschlecht vom Greifenstamme. Wie lange ist es her, daß dies Unheil hereinbrach, Rüdiger Eckraidt?"

„Der Herr Rektor war fünfzehn Jahre alt, als Bogislaw der Letzte traurig ins Grab sank."

Bambamius vermochte ein heimliches Schmunzeln bei dieser Zeitbestimmung nicht zu unterdrücken.

„Will sagen," ergänzte er würdevoll, „es sind vier Jahrzehnte darüber verflossen. Und was geschah nunmehro mit dem Lande Pommern, o Adam

Behm? Es fiel doch nicht abermals unter die Hand eines fremden Volkes?"

„Es fiel in die Hände des schwedischen Volkes," gestand Adam Behm schüchtern.

„Ei, wie konnte das denn ergehen?" donnerte der Rektor den Erschrockenen an, „waren denn die Schweden nicht ein fremdes Volk von fremder Zunge?"

Adam Behm beeilte sich heftig das zuzugeben.

„Verstanden denn die Schweden etwas von der Herrlichkeit unserer teutschen Haubt- und Heldensprache?" fuhr der Rektor wüthend zu fragen fort, „wissen sie etwas von der Würde des Palmen- und des Schwanen-Ordens? Von den weisen Schriften und trefflichen Liedern, die in unserer Sprache sind gedruckt und ausgegeben?"

„Nein, garnichts wissen sie," erklärte Adam Behm mit gerechter Entrüstung.

„Weiß hingegen der Kurfürst von Brandenburg etwas von diesen Dingen?" forschte er weiter.

„Man hört so sagen", ward ihm zur Antwort.

„Vielmehr, es ist so!" rief Bambamius heftig. „Alles das weiß er, denn er ist Fleisch von unserm Fleisch und Bein von unserm Bein, und wenn er den Mund aufthut, redet er unsere Sprache. — Wir sind hiermit zu einem andern Gegenstande hinübergetreten", merkte er hier an, „und wollen ben nunmehr ernstlich ergreifen, nämlich das löbliche Thema von der deutschen Poeterei. Wir haben vor nicht gar langer Zeit ein Sprüchlein oder Epigramma des trefflichen Poeten Friedrich von Logau memorirt, das von dem deutschen Frieden und einem absonderlichen Echo oder Widerhall handelt — welcher Friede ist gemeint, Barthel Höpner?"

„Den wir den westfälischen nennen, geschlossen zwischen den kriegführenden Mächten anno 1648."

„Das ist, vor nahezu dreißig Jahren", bestätigte der Rektor. „Joachim Effenbarth, so sprich Du das Poem; und ihr Andern werdet das Echo agiren, nachdem es Klaus Wustehuff zum ersten Mal wird haben ertönen lassen."

Der junge Effenbarth deklamirte mit Feuer und Nachdruck:

„Was kostet unser Fried'? O wie viel Zeit und Jahre!
Was kostet unser Fried'? O wie viel graue Haare!
Was kostet unser Fried'? O wie viel Ströme Blut!
Was kostet unser Fried'? O wie viel Tonnen Gut!
Ergötzt er euch dafür und lohnt so viel Veröden?
Ja! — Wem? — Frag' Echo drum; wem meint sie
                        wohl? — —"

„Den Schweden!" fiel Klaus Wustehuff als Echo mit schmetternder Stimme ein, und der ganze Chorus wiederholte donnernd und dröhnend:

„Den Schweden!"

Bambamius nickte mit grimmiger Befriedigung.

Wichenhagen aber benutzte das schreckliche Geschrei des erbitterten Echos, sich ungesehen von den Schülern aus dieser seltsamen Unterrichtsstunde wieder zu entfernen.

Seine Miene war verstört und heftig erregt, als er über den Hof und die Wendeltreppe hinauf in sein Zimmer eilte.

Sein Essen ward aufgetragen; düster und in sich gekehrt nahm er hastig einige Bissen und einen Schluck Wein, ohne, wie er sonst that, mit dem Diener ein Wort zu reden. Dann sprang er schon wieder auf und durchmaß das Gemach mit unruhigen Schritten.

„Ich will allein sein", sprach er kurz zu dem Diener.

Verwundert und eilig ging dieser hinaus.

Jürg fuhr fort zu wandern.

„Was machten diese Knaben für begeisterte Gesichter!" murmelte er trübe. „Warum sie, und warum nicht ich? Bin ich kein Deutscher?"

Er nahm jäh zupackend einen Schluck aus dem großen Humpen. Die Unruhe verließ ihn nicht; er wanderte fort und fort.

„Wie können diese Knabengesichter mich so verstören? Ich fürchte mich vor ihnen in aller Wahrheit. Warum wage ich nicht einzustimmen in ihren begeisterten Zornesruf? Ich thäte es doch so gern —"

Sein rastlos umherirrender Blick fiel auf zwei
große Holzschnitte an der Wand, das eine den jungen
König Karl von Schweden, das andere den branden=
burgischen Kurfürsten darstellend; er selbst hatte sie
vor Wochen in einer kecken Laune so nebeneinander
gehängt. Plötzlich blitzte sein Auge wieder feuriger
auf. Er ergriff seinen Humpen, hielt ihn den beiden
Bildnissen entgegen und rief laut mit einem trotzigen
und prahlenden Lächeln:

„Den Trunk dem Sieger! — Ich hab's zu
entscheiden!"

Er schrak selbst zusammen bei dem hallenden
Ton seiner Stimme.

Doch sein Trotz hielt Stand, er blickte den
Bildern stolz herausfordernd entgegen. Da haftete
sein Auge fester und fester an den strengen und
mächtigen Zügen des Kurfürsten; er vermochte sich
nicht mehr zu lösen von diesen herrschenden Blicken,
dieser ehernen Stirn.

Ein Schauder überlief ihn; er stand wie unter
einem quälenden Banne.

Langsam that er einen Schritt rückwärts. Da
entdeckte er plötzlich unten an dies Bild befestigt
ein Zettelchen mit einer Aufschrift. Er trat schnell
wieder näher und las nun deutlich: Ave Coriolane!

Der Becher fiel klirrend aus seiner Hand auf
den Boden.

„Konrad", flüsterte er, „bis in mein Haus bringst Du mit Deinem feindlichen Gruße? Und doch gilt er nur Dir: Du, Konrad Beienburg, bist es, der seine Vaterstadt zerstört — — — Aber ich hab's zu verantworten!" setzte er nach einer Pause laut aufstöhnend hinzu.

Er sank schwer in einen Sessel.

„Ich hab's zu entscheiden — ich hab's zu verantworten. Ich wußte ihm doch nichts entgegen zu setzen als das eine Wort: Ich hab's nicht zu verantworten. Und nun ist dies so anders. — Estrid, ich schlief; warum hast Du mich aufgeweckt?"

Laut stöhnend preßte er beide Hände gegen die Stirn.

„Ich schlief, ich wandelte im Traum, ich wußte nicht, was ich that. Du kamst und stelltest mich auf diese furchtbare Höhe, von der man in den Abgrund blickt. Du zeigst mir die Verantwortung, die ungeheure, vernichtende — Deutschlands Größe oder Schmach — wie konntest Du das wagen, und grade Du? Estrid, ich schlief, was wecktest Du mich auf?"

Er sprang wieder in die Höhe und wanderte wieder eine Weile. Aber dann plötzlich begann die wilde Erregung sich zu lösen in eine dumpfe Schlaffheit, die ihn langsam bezwang.

Er warf sich auf sein Ruhebett und fiel sofort in den tiefsten Schlaf.

Sechsunddreißigstes Kapitel.

Als Jürg erwachte, war es dunkel um ihn her.

Er sprang schnell auf und schüttelte die Schwere von den Gliedern, machte Licht und sah nach der Uhr; es war bald Mitternacht. Er öffnete ein Fenster und lauschte ins Freie. Es war nächtlich still draußen; die schwere Beschießung hatte nicht wieder begonnen. Nur ein einzelner Kanonenschlag erdröhnte nach einiger Zeit in der Ferne; dann war wieder Ruhe; erst nach einer sehr langen Pause ein weiterer Schlag.

Langsam überspannen ihn wieder die alten Gedanken.

„Estrid, ich schlief, warum wecktest Du mich auf?" wiederholte er sich leise. „Welcher Dämon trieb Dich, mir so die Augen zu lösen?"

Er richtete einen festen Blick auf das Bildniß des Kurfürsten.

„Meine Augen sehen nichts mehr als den deutschen Fürsten, der von mir fordert, was ich ihm geben kann und was ich ihm schuldig bin. Ich wußte nicht, was ich zu geben habe; nun aber, da ich es weiß, darf ich ihn noch um das Seine betrügen? — Und dennoch, dennoch —"

Ein Geräusch durchdrang die Stille; es kam vom Hofe her; es waren menschliche Stimmen. Er erkannte sie bald; Schiffer Pust und Dortchen Wernicke sprachen lebhaft miteinander.

Jetzt hörte er die Beiden auf seiner Treppe. Eilig öffnete er die Thüre und ließ sie herein.

Pust grinste sonderbar; Dortchen schwamm in Thränen.

„Was bringt ihr so mitten in der Nacht?" fragte Jürg erschrocken. „Ein neues Unglück?"

„Na, 'ne schöne Geschichte!" brummelte Pust.

„Mein Lutz ist fort", rief Dortchen jammernd.

„Lutz fort?" rief Jürg in höchster Ueberraschung. „Was soll das heißen? Wohin soll er sein?"

„Woher er gekommen ist", schluchzte Dortchen, „ins kurfürstliche Lager."

„Zum Teufel!" rief Wichenhagen verblüfft, „das war das Letzte, was ich je von dem erwartet hätte. Als Ueberläufer? Wirklich als Ueberläufer?"

„'Ne schöne Geschichte!" warf Pust dazwischen.

„Ja", sagte Dortchen betrübt, „ich hab' ihn auch erst einfach für verrückt gehalten, als er mir das sagte. Bist Du verrückt, Lutz? fragt' ich ihn. Aber nein, er war ganz vernünftig und dabei auch sogar nüchtern. „Ich hab' hier bei euch gedient", sagt' er, „so lang' es euch schlecht ging und ich dem Herrn Kurfürsten keinen großen Schaden damit that. Aber jetzt ist das wieder anders: der olle Pust hat berichtet, daß es meinem Kurfürsten schlecht geht und der in heller Verzweiflung ist. Das kann ich nicht mit ansehen, da muß ich wieder 'rüber. Ihr kriegt Entsatz und alles Mögliche, euch geht es jetzt gut, ihr braucht mich nicht weiter." So hat er gesagt; und ich sagte wüthend: ‚So, also das nennst Du gut gehen, wenn uns hier die Bomben und Granaten und Stinktöpfe und wer weiß was wie die Bremsen um die Ohren summen und die Giebel und Häuser auf der Straße 'rumliegen wie alte Misthaufen und keine Katze ihres Lebens mehr sicher ist?' — Ja, sagt' er dreist, das müßt' er immer noch gut gehen nennen, denn wir hätten doch, was wir nicht hergeben wollten und um was wir uns schlügen, nämlich unsere Stadt, aber der Kurfürst hätt' das nicht, was er doch so sehr gern haben möcht', nämlich auch unsre Stadt, und müßt' mit 'ner langen Nase, sagte Pust, wieder abziehen. Und daß es die Wahrheit ist, hab' ich meinem lieben Herrn Beienburg am Gesicht abgesehen. Darum muß ich wieder 'rüber. — Das hat er gesagt, und dann ist er fortgegangen bei Nacht und Nebel, noch keine Stunde ist's her."

„Ei, ei, Puſt", ſagte Jürg nachdenklich, „es ſcheint, unſre Lügen ſchlagen wider uns ſelber. Wer Andern eine Grube gräbt —"

„Ja, Jürg", ſagte Puſt, der immerwährend verdrießlich den Kopf ſchüttelte, „ſo tief in die Müllgrube gefallen bin ich in meinem Leben noch nicht. Und wovon kommt das? Sieh mal, daß die Menſchen ſehr dumm ſind, hab' ich ja immer ge= wußt, aber daß Einer ſo dumm iſt, das hätt' ich doch nicht gedacht. Darum ſag' ich bloß: es iſt 'ne ſchöne Geſchichte."

„Und ich muß nun auch zu den ſcheußlichen Brandenburgern", ſeufzte Dortchen, „und muß Luthern abſchwören und Buggenhagen und muß mir alle Privilegien abknöpfen laſſen."

„Na, na", rief Puſt mit Nachdruck, „einem verehelichten Frauenzimmer die Privilegien beknapſen, das bringt der Deubel nicht fertig und nicht mal der Kurfürſt. Was das angeht, darum könnt'ſt Du getroſt 'rüberlaufen — aber ſag' mir bloß, Dortchen, warum denn ſonſt? Du warſt doch immer 'ne gute Stettinerin und ſogar auch Chriſtin; und haſt uns doch damals ſelbſt dieſen Lutz gekapert."

„Ja, damals!" gab ſie ernſthaft zur Antwort, „da war er auch mein Mann nicht. Aber jetzt iſt er's, und jetzt gehe ich mit ihm durch Dick und Dünn und kann ich nicht anders. Und wenn er Menſchen=

fresser werden will, werd' ich's auch, und wenn er unter die Affen geht, werd' ich Aeffin."

„Ei sieh doch, Dortchen", sprach Jürg mit einem Anflug von Heiterkeit, „so groß ist die Liebe in den paar Tagen schon geworden? Kurz vor der Hochzeit war es so arg noch nicht."

„Nein", versicherte sie eifrig, „was die richtige Liebe ist, die kommt erst nach der Hochzeit. Vorher ist's man so'n Gebammel. Aber jetzt — sehen Sie, Herr Wichenhagen, aber Sie dürfen mir's nicht übel nehmen: wenn heut Sie an dem einen Galgen hängen und Lutz an dem andern und ich steh' dazwischen mit 'nem Messer in der Hand und kann mir Einen abschneiden, denn sie sind beide noch lebendig und zappeln noch: aber bloß Einen, der Andre hängt zu weit ab — weiß der gnädige Gott, ich würd' meinen Lutz mir abschneiden und Sie hängen lassen. — Und schrecklich wär' das doch auch!" fügte sie erschaudernd hinzu, „aber was wahr ist, bleibt wahr."

Pust lachte herzhaft. „Nu ist eins aber noch das Ekligste an der ganzen Geschichte", bemerkte er dann plötzlich. „Wenn nämlich der Teufel will, daß dieser Lutz uns mal lebendig als Gefangener in die Hände fällt, dann ist es aus mit der Lebendigkeit, denn wir müssen ihn hängen, da giebt's keine Rettung vor dem verfluchten Kriegsrecht, und ist doch sehr die Frage, ob Dortchen ihn wird losschneiden können so lang' er noch zappelt."

„Dann häng' ich mich daneben", erklärte Dortchen fest.

„Nein!" rief Jürg auf einmal mit starker Betonung. „So lange ich lebe, wird dem Wernicke kein Haar gekrümmt; er wird immer gehalten werden als ein ehrlicher Kriegsgefang'ner. Denn ehrlich ist er, und er ist noch etwas mehr als das: er ist klüger als wir beide, Pust, zum mindesten als ich; denn er ist schneller entschlossen, und das ist die einzige Klugheit in diesem Leben.

Setze Dich hier zu mir, Pust, und nimm Dir von diesem Wein: der ist scharf genug auch für Deine Kehle. Es ist ein Spanier. Ich hab' noch etwas Ernsthaftes mit Dir zu reden, etwas sehr Ernsthaftes. Du, Dortchen, kannst jetzt gehen, denn dies wird zu politisch für Deine armen Ohren. Aber mit dem Ueberlaufen zum Kurfürsten warte noch bis morgen: es kann sein, daß dann noch etliche Tausende gleich mit Dir kommen, und nicht bloß Weiber."

Staunend und kopfschüttelnd entfernte sich Dortchen: Pust nahm Platz mit einem grenzenlos verblüfften Gesicht.

„Ja, Alter", begann Jürg zu sprechen, „hier in meinem Kopfe sieht es wunderlich aus; große

Schicksale haben sich darin abgespielt binnen wenigen Stunden, die Wonnen eines großen Siegers und die Qualen eines armen Sünders. Jetzt hat sich's entschieden; dieser treue Lutz Wernicke hat mir den Weg gewiesen mit seiner entschlossenen Sicherheit, die wahllos den rechten Griff that. Die eben war mir verloren gegangen, darum konnte ich so jämmerlich schwanken und irren. Mein Herz und mein Geist hatten sich längst entschieden für die deutsche Sache und also für den Kurfürsten, erst in heimlichem Ahnen, dann offen und verständlich. Jedoch mein Wille vermochte nicht zu folgen — das klingt unerhört und ist doch die Wahrheit. Aber warum nicht? Was lähmte meinen Willen? Das war's, daß ich mich fragte und wieder fragte: Warum entschiedest du dich denn im Anfang für Schweden? That'st du das nicht aus dem innersten Triebe deines Herzens heraus und mit froher Entschlossenheit? Wie war denn das möglich? So hat dieser klare Trieb deines Herzens dich schmählich betrogen?! Und konnte er das einemal, wie darfst du ihm denn jetzt trauen und wie jemals wieder? Du bist verurtheilt zu ewigem Zweifeln und Schwanken; mit diesem Vertrauen hast du dich selber verloren.

Das war die Klippe, an der mein Wille scheiterte; diesen Zwiespalt vermochte ich nicht zu lösen.

Jetzt aber vermag ich's, und Alles ist verwandelt. Dieselbe Hand, die zuerst mir den Knoten schürzte, hat ihn mir auch entwirrt: dem Fräulein von Wulffen danke ich die Erlösung — ich muß ihr freilich mit bitterem Undank lohnen. Sie zeigte mir die Macht, die in meiner Hand liegt und lehrte mich so erkennen: ja! mein Trieb hat mich recht geleitet in unbewußter Ahnung. Ich mußte diese Macht erst gewinnen, ehe ich der deutschen Sache etwas nützen konnte. Was hätte es genutzt, wenn ich gleich von Anfang in der Stadt oder draußen für den Kurfürsten gewirkt hätte? Was haben die Herren vom Seglerhause erreicht, die das von Anfang gethan haben? Nichts, garnichts offenbar. Wie viel leistet Konrad Beienburg seinem großen Kriegsherrn? Recht herzlich wenig. Er ist ein bescheiden Theil eines großen Räderwerks mit tausend andern Theilen. So würde auch ich so oder so eine Ziffer unter Ziffern geblieben sein von geringem Werth und Nutzen. Jetzt aber hat mein ahnender Trieb mich auf einem seltsamen Umwege zu einer Höhe geleitet, von der ich Alles beherrsche. Ein Wort von mir an die Bürgercompagnien — und die Stadt geht über an den deutschen Kurfürsten. Ja, nicht einmal eines Wortes bedarf es: nur zu schweigen brauchte ich eine Zeit lang und mich schlafen zu legen, und ich zweifle nicht: binnen

Kurzem sind diese Bürger des Kampfes müde und öffnen die Thore, wie sie es neulich im Sinne hatten. So groß ist meine Macht, und so groß mußte sie werden, wenn ich für den ernsten Zweck etwas Ernstliches leisten wollte. So sicher leitete mich meine dunkle Ahnung. — Und also, Pust, wenn morgen der Tag heraufzieht, rede ich mit den Bürgern, Stettin wird wieder deutsch, und der Grundstein ist gelegt für Deutschlands neue Größe."

„Na ja," sagte Puft, und ein sonderbares Grinsen verrieth dem Kenner, daß ihm ernsthaft zu Muthe war, „und dann ist da das bißchen Unterthaneneid, darauf pfeift man natürlich."

„Kann ein Eid mich binden," fiel Jürg hastig ein, „den ich geleistet, ohne mich selbst und meine Meinung zu kennen? Leere Worte habe ich schwörend nachgesprochen, deren Sinn mir verschlossen war — einen Eid in indianischer oder chinesischer Sprache habe ich geschworen: kann solch ein Eid ein Gewissen binden? Nein, ich bin ganz frei. Man wird freilich reden von Verrath und Treubruch. Aber was hat das zu sagen? Wie oft hat der Kurfürst Verrath gesponnen und Verträge zerrissen, ein Meister aller Ränke? Heut war er den Schweden verbündet und hat sie betrogen und morgen ihren Feinden, den Polen, und hat sie auch betrogen, und dann wieder den Schweden, immer hin und her, und so Andern auch, ein Rattenkönig von Hinterlist — und Europa nennt ihn den Großen! Soll ich nicht lernen von dem Helden, der von je mein leuchtendes Vorbild war? Was ihr Treu' und Redlichkeit nennt, das verliert seine Geltung, wo um erhabene Ziele gerungen wird. Noch nie hat der Kurfürst Scheu getragen vor fremdem Recht und eigenem Eide, wenn sein Wille auf Großes gerichtet war."

Puft machte ein Gesicht, als ob er sich eine vergnügliche Weise pfiffe; ein Ton aber ward nicht hörbar.

„Na, reden kannst Du", sagte er gelassen, „es macht viel Vergnügen, Dir zuzuhören. Aber Eins muß ich sagen: ich red' ja doch auch manchmal und nicht immer bloß dumm Zeug; aber wenn ich mal so schnell red' und so viel auf einmal wie Du jetzt eben und so sprühlich und so sprudelig — da kann ich mich drauf verlassen, da hab' ich ein schlechtes Gewissen. Bei Dir wird das wohl anders sein. Dagegen bei Dir weiß ich Eins: wenn Du was thun willst und Du bist recht entschlossen, da red'st Du überhaupt nicht, sondern Du thust es. So zum Beispiel, als Du Fräulein Ursula beim Wickel genommen und für Deine Braut erklärt hast, da hast Du nicht die kleinste Rede vorher drüber gehalten. Das ist bloß so 'ne Merkwürdigkeit bei Dir oder 'ne Angewohnheit wie das Lügen bei mir und das

Betrügen beim Kurfürsten; weiter will ich damit nichts sagen. Denn Du hast ja ganz recht mit Deiner Rederei. Ein Wort von Dir, und die ganze Herrlichkeit mit der Bürgerwehr geht in die Lüfte, und die Stadt geht über. Die Macht hast Du, das glaub' ich sicher. Aber ich hab' auch schon manchmal 'ne Macht gehabt. Ich will mal sagen: Du giebst mir ein Schiff, und ich führ' es in See. Jetzt hab' ich die Macht, mit dem Schiffe zu machen, was mir in den Kopf kommt. Ich kann es auf den Strand treiben zu meinem Vergnügen, ich kann nach Westindien fahren oder zu den Chinesen und es da verkaufen und die Matrosen meinetwegen als Sklaven dazu; kein Hahn kräht darnach. Die Macht hab' ich. Und Du hast mich nicht mal vorher erst groß 'nen Eid schwören lassen. Aber prof't Mahlzeit, ich thu' das doch nicht, sondern ich fahr' ganz ruhig und gemüthlich dahin, wohin ich die Fracht hab', und komm' ebenso gemüthlich wieder nach Hause. Und das nu wohl warum? Weil ich die Macht nicht so von mir selbst hab', sondern von meinem Herrn Rheder. Der hat mich auf diesen Posten gestellt mit seinem Vertrauen, und ohne sein Vertrauen hätt' ich nicht mal die Macht, ein Tauende anzufassen und auf einem Schiffsjungenbuckel tanzen zu lassen. Und das ist nun komisch: mit dem Lügen und Betrügen und solchen Geschichten nehm' ich's so sehr genau nicht und mit andren Tugendhaftigkeiten auch nicht: aber das Vertrauen von meinem Schiffsherrn umschmeißen — nee, Jürg, so was geht nicht. Ganz einfach darum, weil es nicht geht. Und wenn das bei mir schon so ist, geht's bei Dir doch erst recht nicht, Du bist ja so'n Wurm, Du kannst ja nicht mal lügen: wie willst Du da solche teufelsmäßige Felonie zu Stande bringen? Da sei ganz ruhig: eher reißt Du Dir selber alle Haare einzeln aus. Das ist meine Meinung. Einfach ist sie ja bloß; aber 'ne Meinung ist es."

"Mensch, halt ein! Was Du redest, ist fürchterlich," rief Jürg erschüttert.

"Und dann ist da auch sonst noch 'ne Kleinigkeit," fuhr Pust unerbittlich fort, "sieh mal, Jeder hat seine Verrücktheit, und ich hab' die, daß ich auf der Welt keinen Menschen so lieb hab' wie einen gewissen Jürg Wichenhagen. Das ist nu mal so, und ich kann's nicht ändern. Aber wenn dieser selbe Wichenhagen das schöne Schiff, das der König ihm anvertraut hat, auf den Strand laufen läßt zu seinem eignen Vergnügen oder einem hergelaufenen Kurfürsten zu Liebe, der mit Pferden umgeht und 'ne gemeine Landratte ist, und der König will ihn nachher dafür hängen lassen: dann bin ich der Erste, der dazu hilft, Dir den Strick um den Hals zu legen und Dich hoch zu ziehen. Möglich, daß ich mich hinterdrein daneben hänge wie Dortchen neben ihren Lutz — aber erst mußt Du baumeln, und darnach komm' ich."

Er stieß ein gellendes Gelächter aus, so laut und gewaltsam, daß Jürg erschrocken aufsah und staunend bemerkte, wie ihm die hellen Thränen die Backen herunterliefen.

Tief und qualvoll stöhnte er auf.

„Pust," sagte er dumpf mit schmerzlich bebender Stimme, „lege mir nur gleich Deine Schlinge um den Hals oder erdrossele mich mit Deinen Händen: ich will mich nicht wehren, denn es ist die beste Wohlthat, die Du mir erweisen kannst, die einzige Wohlthat. Mein Todesurtheil hast Du gesprochen. Denn es ist grausame Wahrheit, was Du gesagt hast: das heilige Vertrauen kann ich nicht täuschen, das mich an meinen Platz gestellt hat; ich belog mich selbst, als ich glaubte es zu können. Es wäre ein Treubruch so schandbar und niedrig, wie ihn die Welt noch nicht gesehen hat; Meuchelmord ist Kinderunschuld neben solchem Verrath. Bis heute vielleicht war Alles möglich: erst heute war es, daß Estrid's Vertrauen alle Grenzen überstieg; so ohne Grenzen schändlich würde auch der Treubruch sein. Sie drückte ein Feldherrnschwert mir in die Hand mit freudigem Jauchzen: und mit eben diesem Schwerte würde ich sie hinterrücks ermorden.

Ich habe mich verstrickt, unrettbar verstrickt. Ich kann nicht mehr zurück — aber auch nicht vorwärts, das ist mein grausiger Fluch. Verräther am Vertrauen — Hochverräther am deutschen Volke: eins von den beiden bin ich immer, wie ich mich auch stellen mag. Und beides ist fluchwürdig, beides ist todeswürdig. Ich sehe keinen andern Ausweg mehr als den Tod."

Puft hörte verdrießlich und mißbilligend zu; sein Schalksgrinsen war ihm vergangen.

„Na ja," sagte er grimmig, „das muß gleich wieder mit dem Kopf durch die Wand. Es ist aber doch Alles Unsinn. Erstens versteh' ich das nicht mit dem deutschen Volke und was Du so nennst. Wir sind hier deutsches Volk in Stettin, und an dem bist Du kein Hochverräther, wenn Du Dich dafür schlägst, und auch kein Niederverräther, sondern sein Helfer und Beschützer. Und wenn ich's auch verstünde und wenn was dran wahr wäre, dann wär's immer noch nicht so schlimm und daß es keinen Ausweg mehr gebe und gleich so zum Umbringen. Wenn man mal bei Ebbe irgendwo auf den Sand läuft, schießt man sich noch nicht todt, sondern wartet zum allerwenigsten die Fluth ab, ob die Einen nicht losbringt. Sieh mal, ich weiß ja, daß Du 'nen Narren gefressen hast an diesem Kurfürsten und kann mir ja denken, daß es Dir eklig ist, wenn

Du bran schuld sein sollst, daß er unser Stettin nicht kriegt, was er so gern haben will. Aber da ist nu erstens zum Beispiel noch garnicht gesagt, daß er es nicht kriegt. Und wenn ich mal ehrlich sein soll: meine Meinung ist eigentlich, er kriegt uns am Ende. Denn ein verfluchter Kerl ist er und hat seine Soldaten im Zug wie der Deubel die armen Seelen, das hab' ich bei meinem Spioniren längst 'rausgekriegt. Und daß von Entsatz für uns noch lange keine Rede ist, weiß Niemand besser als ich. Also gut, das wart' nu doch wenigstens ab. Wenn der Kurfürst abziehen muß mit seiner langen Nase, hast Du zum Aufhängen immer noch Zeit. Wenn er aber Sieger bleibt — und Du glaubst das erst recht — na, was willst Du denn weiter? Dann hast Du gethan, was Du mußt, und hast erreicht, was Du willst. Mehr kann kein Mensch verlangen. Hab' ich Recht oder hast Du Unrecht?"

Jürg schüttelte den Kopf mit einer Gebärde der Verzweiflung.

„Auch das kann mich nicht retten," antwortete er düster. „Ich traf heut auf dem Walle einen Mann, dem Weib und Kinder durch eine Bombe erschlagen waren. Er trug es wie ein Held: mir aber brennen jetzt seine Thränen auf der Seele wie lebendiges Feuer. Denn er steht da nicht als Einer, sondern ich sehe Tausende, die jammernd mit ihm rufen: Durch Deine Schuld! Du hast es zu verantworten! — Wie soll ich das ertragen, all dies Blut und Elend auf meinem Gewissen zu fühlen all mein Lebenlang? Ich muß daran ersticken."

„Da frag' Deinen Kurfürsten, wie man es erträgt," warf Pust lebhaft dazwischen, „durch den sind doch wahrhaftig noch zehnmal und hundertmal mehr Menschen ums Leben gekommen, und das wirklich durch ihn, nicht bloß mit 'ner sogenannten Verantwortung und so was Irrlichteriges. Das ist nun nicht anders: im Kriege stehen manchmal die Leute den Kugeln im Wege, und da giebt's Löcher. Das muß man hinnehmen. Wo man Holz schneid't, da giebt's Spähne. Frag' Deinen Kurfürsten."

„Ganz recht," versetzte Jürg trostlos, „aber frag' ihn auch zugleich: Zu welchem Ziele? — Kein großer Volksheld, Befreier, Wiederhersteller, dessen Weg nicht über Berge von Leichen hinweggeht. Und dann frag' mich dasselbe; und ich will es Dir beantworten: Ich wollte mich austoben. Ich wollte etwas zu thun haben, wie ein Kind seine Mutter plagt: ‚Was soll ich jetzt spielen?' Und ich spielte Krieg — und da liegen sie nun, diese Todten, diese Trümmer! Ich bin der Mörder meiner Mitbürger, der Vernichter meiner Vaterstadt — so zu meinem Vergnügen, zur Befriedigung meiner Laune!"

„Das ist schon ganz richtig," bemerkte Pust

trocken und grinste schon wieder, „nämlich wenn Du jetzt abschnappst und willst nicht mehr mitspielen, wo wir schön im Zuge sind. Die Todten machst Du damit nicht wieder lebendig: und dann sind sie so wahrhaftig bloß um eine verrückte Laune von Dir gestorben. Und so was darfst Du Dir nicht nachsagen lassen, namentlich nicht von Dir selber. Wenn Du's aber durchhältst, steht die Sache ganz anders, dann hast Du Deinen Zweck so gut wie der Kurfürst. Bloß fest bei der Stange bleiben. Ein Lump, wer sich selbst eher Unrecht giebt als die Andern. Man darf Alles thun in dieser verdrehten Welt: bloß man muß es ganz thun. Wer was anfängt und dann abschwirrt, hat allemal Unrecht. Immer dicke durch! ist die ganze Kunst im Leben. Oder wie Du sagst: Herdurch mit Freuden! Vor Allem aber: Herdurch!"

„Herdurch mit Jammer und Entsetzen!" rief Jürg leidenschaftlich, „so heißt künftig mein Spruch. Was Du sagst, ist tiefe Wahrheit: um so sichrer mein Verderben. Nicht einmal das bleibt mir, was Andern vielleicht vergönnt wäre: still bei Seite zu treten und so dem Zwiespalt zu entrinnen. Ich bin zu hoch gestiegen durch jenes stolze Vertrauen; zahllose Augen blicken auf mich und nehmen mein Handeln zu ihrer Richtschnur. Auch Schweigen ist schon Eidbruch und Verrath am Vertrauen. O Gott, mein

Gott, das ist nun meine Macht, die ungeheure, das ist meine Größe, daß ich mich nicht regen kann nach keiner Seite; was ich thun oder auch lassen mag, Schmach und Frevel ist Alles. Hier sitzt der Herr über Europas Zukunft — ein Mäuschen in der Falle. Ist je schon ein Mensch an einem einzigen Tage aus solchen Höhen herabgestürzt in einen so kläglichen Abgrund? — Pust, auch Du mußt erkennen, daß es nur einen Ausweg noch giebt: entschlossen zu sterben. Gewiß kein freundlicher Weg, und nicht leichtherzig werde ich ihn einschlagen, denn mein Herz hängt am holden Leben mit glühender Kraft: aber es ist der einzige, der nicht in Schändlichkeit führt."

Pust machte ein Gesicht, als ob er einen zu großen Bissen in den Mund gesteckt hätte und jämmerlich dran würgte, ihn schnell hinunterzuschlucken, daß er wieder zum Reden käme. Aber es dauerte eine Zeit lang, bis er die Arbeit vollbracht hatte. Dazwischen machte er krampfhafte Bewegungen, wie wenn er ein Tauende in der Hand und einen Schiffsjungen rücklings zwischen den Beinen hätte.

Endlich war er in Ordnung und sagte recht gleichmüthig:

„Jürg, hast Du schon mal einen Hammel sich mit Selbstmord befassen sehen? — Na, weil von

Hammeln die Rede ist, darum brauchst Du noch nicht grade so 'ne Miene aufzuziehen, wie solch Vieh sie von Natur hat. Also ich seh' schon, Du kennst das nicht. Du bist auch noch jung und kennst noch nicht jede Merkwürdigkeit. Ich aber habe diese Erscheinung schon zweimal gesehen. Das erste Mal war's bloß ein einzelnes Stück, das lief auf eigene Faust in den brennenden Stall zurück und ließ sich da braten, wahrscheinlich weil es wußte, daß dieses von Gottes und Rechts wegen sein richtiger Beruf ist. Na, das war sein Pech, aber sonst ließ sich's tragen, und der Schäfer ist darum noch nicht unter die Affen gegangen, sondern hat sich getröstet mit den andern, die heil geblieben waren.

Das andre Mal aber wurde eine große Herde von Bergelank über den Damm'schen See getrieben, denn es war sichres Eis und 'ne leichte Lage Schnee drüber. Wie sie nu gegen die Mündung vom Dunzig kommen, sieht der Leithammel vor sich 'ne offene Luhme, schönes blankes Wasser. Halt, denkt er, Du kommst mir grade recht; was kann das schlechte Leben helfen? Geschlachtet werd' ich ja heut doch, und da ist das Ersaufen 'ne reinlichere Todesart. Das Wasser ist zwar kalt, aber ich hab' ja meine Wolle.

Also er 'rein in die Luhme mit 'nem schlanken Hechtsprung, schlibbert unterm Eis weiter und lacht

alle Schlächter aus. Und die andern paar Hundert
Hammelchen, die hinter ihm drein trappeln, die
denken ja wohl: Er muß es ja wissen; wozu ist er
unser Leithammel? Ohne ihn ist es ungemüthlich
hier oben im Schnee, und im Ganzen sind auch wir
mehr für die ewige Ruhe."

Und patsch und klatsch hopst einer nach dem
andern in das schöne blanke Wasser und glitscht
unters Eis, und ein Dutzend nach dem andern und
ein Hundert nach dem andern, und weg sind sie,
und der Schäfer hat das Nachsehen. Damit will
der aber sich nicht recht begnügen; erst heult er noch
ein bißchen und rauft sich die Haare; aber dann
faßt er sich kurz und springt auch hinterher; und
auf dem Eise ist's still und unterm Eise auch. Aber
die Aale und Krebse vom Damm'schen See sind im
nächsten Frühjahr besonders schön fett gewesen.

Das ist die Geschichte vom Hammelselbstmord.
Sie ist ja man einfach, aber ein besinnlicher Mensch
kann sich was dabei denken. Bloß muß es was
Richtiges sein, sonst hat es keinen Nutzen. Das
brauchst Du Dir nämlich nicht einzubilden, Jürg,
daß Deine Hammel von der Bürgerwehr Dir nach=
springen ins Wasser; das thun sie grade nicht, aber
sie thun was anders; nämlich sie werden Lunte
riechen und bei sich denken: Wenn der sich umbringt,
so hat er seine Gründe; und sein Grund ist ja wohl

kein andrer, als daß er gemerkt hat, er ist auf dem Holzwege mit seinen Kriegsthaten; und also sind wir auch auf dem Holzwege; und also thun wir besser, hübsch umzukehren und uns dem Kurfürsten zu ergeben. Und das werden sie dann auch thun. Und wenn Du das erreichen willst, Jürg, dann kannst Du's auch ebenso gut bei lebendigem Leibe; wenn das Eine kein Verrath ist, ist's das Andere auch nicht."

Wichenhagen stieß ein schreckliches Lachen wilder Verzweiflung aus.

"Pust," sagte er, "muß man denn so dumm sein, den Selbstmord muthwillig den Leuten vor die Augen zu stellen? Giebt es keine brandenburgischen Kugeln, denen man zufällig im Wege stehen kann? Ich getraue mich wohl, sehr bald solche barmherzige Kugel zu finden, die diesem Elend ein Ende macht — und man soll noch obendrein meinen Heldentod preisen."

"Das nenn' ich dann lügen," warf Pust schnell ein, "und ich muß Dir's übel nehmen, daß Du mir ins Handwerk pfuschen willst. Denn Dein Fach ist es nicht, und ob es so dicht in der Gegend der Ewigkeit selbst mir glatt von der Hand geht, ist auch noch die Frage.

Aber das ist das Wenigste. Die Hauptsache ist immer Dein Leithammelthum. Mit solchem Helden=

tob nimmst Du stramm Partei gegen Brandenburg, und die Leute werden sich's merken und schärfer vielleicht hinter Dir angehen als bei Deinen Lebzeiten. Das kann mir ja sehr recht sein; bloß muß ich sagen: wenn Du weiter nichts willst, das kannst Du ja auch wieder ebenso gut bei lebendigem Leibe. Wenn das Eine kein Hochverrath ist an Deinem deutschen Volke, ist's das Andere auch nicht."

Jürg deckte schaudernd die Hände über die Augen.

„Also wäre mir auch das allerletzte Recht des Menschen versagt," stöhnte er dumpf, „das Recht, mich selber zu richten und das Urtheil zu vollstrecken! Der Verbrecher im Gefängniß findet noch ein Betttuch, sich zu erwürgen: mir soll auch diese schauerliche Wohlthat genommen sein!"

„Und dann ist da auch noch der Schäfer," fügte Pust gleichmüthig hinzu, „den haben wir vergessen, der hinterher unters Eis ging. Wie wir den nennen wollen, das müssen wir überlegen. Zum Beispiel: Pust. Aber das ist ein häßlicher Name und ein häßlicher Kerl, auf den kann's nicht so ankommen. Aber ich weiß einen schönern Namen. Komm mal mit ans Fenster, vielleicht kannst Du ihn da draußen wo lesen. — Nein, es ist zu dunkel. Aber Du weißt es ja doch: drüben an der Schmiede steht er angeschrieben: Tobias Wichenhagen. Du kannst Dich drauf verlassen, dieser olle Schäfer ist so'n Schäfchen und springt Dir nach unters Eis. Der lebt ohne Dich nicht acht Tage mehr, darauf kannst Du Gift nehmen. Und wenn Du ihm was sagst von Deinen scheußlichen Mordgedanken, weißt Du, was er dann thut? Er drückt Dir seine dickste Eisenstange in die Hand und sagt: „Hau zu, Junge, auf meinen alten Kopf! Wenn es denn sein muß, dann lieber gleich. Ja, ja, so macht er's; ich kenn' den Alten."

Jürg brach völlig zusammen; er entgegnete kein Wort mehr; tiefer vergrub er das Haupt in die Hände; und Thränen quollen ihm durch die Finger.

„Und dann ist da auch noch eine junge Frau Ursula," fuhr der unerbittliche Pust nach einer kurzen Erholungspause weiter fort; aber Jürg unterbrach ihn jäh aufspringend mit einem dröhnenden Zuruf:

„Schweig! Rühre Du nicht an das Letzte, dem ich selber scheu aus dem Wege ging, weil es das Schrecklichste ist. Ich sah es drohen aus dunkler Tiefe, doch ich wollt' es mir verschweigen. Du zerrst es ans Licht; da steht es, das Schreckniß: ich habe Ursula verloren; ich stieß sie von mir, weil ich meinte etwas zu sein, das der Mühe sich lohnte, es verstehen zu lernen. Du lieber Gott, sie wußte es besser: was war an dem zu verstehen, der sich selber nicht begriff? Der die bösen Geister in seiner eignen Brust nicht erkannte? Wer lernt die kennen, ehe es zu spät ist? Ich kenne sie jetzt, und es ist zu spät. Ich habe mich selbst und ich habe Ursula verloren. Und ich muß leben bleiben; das ist das Gräßlichste."

Er fiel in den Sessel zurück, neigte die Stirn auf den Tisch und blieb so liegen.

Pust blickte sorgenvoll auf ihn nieder und wiegte lange schweigend den Kopf.

— Der Klopfer an der Hausthür erdröhnte plötzlich mit gellendem Ton. Jürg machte nicht die leiseste Regung.

Pust sprang auf, öffnete das Fenster und fragte hinaus.

„Ich bin's: Gerd Werebroth," antwortete eine halb gebrochene, still schluchzende Stimme.

Dieser leise Ton riß Jürg jählings aus seiner Starrheit.

„Laß ihn nicht herein!" schrie er auf wie von Sinnen, „er bringt ein neues Unheil. Ich weiß es, was er bringt. Laß ihn nicht herein. Dies Haus ist gesättigt mit Unglück."

„Ist Herr Wichenhagen da?" fragte Gerd lauter, „er muß eilig kommen. Aufs Schloß. Das Fräulein — das Fräulein von Wulffen liegt im Sterben."

Jürg erhob sich schnell und fest.

„Ich wußte es," sagte er still, „das neue Unglück ist da. Wir müssen ihm begegnen."

Er rüstete sich in fliegender Hast und eilte auf die Straße und mit Werebroth dem Schlosse zu.

„Leidet sie noch Schmerzen?" fragte Wichenhagen.

„Nein," berichtete Gerd, „die Herzkrämpfe sind vorüber, sie liegt ganz friedlich. Daraus schließt der Arzt auf ein nahes Ende."

„Ist sie bei Besinnung?"

„Sie ist wach und redet viel in lebhafter Erregung, doch scheint sie Niemanden zu kennen, auch ihren Vater nicht. Sie spricht wunderliche Dinge, die man kaum versteht, und in allerhand Sprachen, bald schwedisch, bald deutsch, bald lateinisch. Dazu fordert sie Bücher und immer neue Bücher und klagt fortwährend, es sei noch nicht das rechte."

„Gott schenke ihr Frieden — und uns allen," sagte Jürg bewegt.

Sie kamen ins Schloß und wurden sogleich hinaufgeführt. Die Kranke lag auf dem gewöhnlichen Ruhelager in ihrem Bücherzimmer. Mehrere Tische waren danebengerückt, schon mit Büchern überhäuft. Der alte Arzt stand mit ernster Miene hinter ihr und theilte winkend und flüsternd leise Befehle aus.

Herr von Wulffen nahm Jürg bei der Hand und führte ihn zu der Kranken.

„Sie mögen Manches von ihren Reden besser

verstehen als ich," sagte er kummervoll, "vielleicht daß Sie ihr Ruhe bringen können durch ein rechtzeitiges Wort."

Estrid forschte mit groß aufgethanen Augen unruhig im Zimmer umher, heftete zuweilen ihre Blicke auf einen der Anwesenden, redete jedoch immer ins Leere hinein wie zu andern nur ihr sichtbaren Personen.

Als Jürg langsam herantrat, faßte sie ihn aufmerksam ins Auge und betrachtete ihn schweigend eine geraume Zeit.

"Das ist er," rief sie dann plötzlich mit freudiger Stimme, "er soll sich schnell setzen und schreiben, schreiben. Wir haben keine Zeit zu verlieren. Es sind viele und große Thaten zu verzeichnen, ehe es Nacht wird. Scribe, Jordanes!"

"Thun Sie nach ihrem Verlangen," flüsterte der Arzt, "gebärden Sie sich als ein Schreibender; das wird sie beruhigen. Sie nimmt Sie für einen Gelehrten oder Schreiber."

Jürg gehorchte, nahm Platz an einem Tische und ergriff ein Buch und Schreibzeug.

"De rebus Gothicis novissimis!" begann sie im Ton eines Dictirenden. "Auf die linke Seite schreib seinen Namen, Jordanes — Du weißt doch, welchen? Ja! Du solltest ein Gothe sein und seinen Namen nicht kennen? So recht: Georgius Wichenhagen. Und nun seine Thaten. Schneller, schneller.

Die Zeit ist kurz, und es sind ihrer sehr viele. Et fugit, interea fugit irreparabile tempus. Immer neue Thaten steigen herauf aus dem Dämmer der Zukunft. Wir müssen sie alle buchen, Jordanes, es darf keine verloren gehen. — Halt! Nein! Wir bewältigen sie so schnell nicht. Lieber erst das Andre, das wir auch nicht vergessen dürfen. Es giebt nichts so Schreckliches als vergessen sein. Auf die rechte Seite setze meinen Namen. Johanna — nicht doch, das ist nicht mein Name. Du meinst das Mädchen von Orleans. Laß die ruhen, ich habe sie verbrannt. Setze mich an ihre Stelle; so. Und nun male einen Pfeil, der hinüberweise nach der andern Seite, dahin wo Georgius Wichenhagen steht. Und schreibe darunter: Excitavit eum, inflammavit, inspiravit. — Ja, er schlief; ich habe ihn aufgeweckt. Ille dormivit; ego excitavi. — Hast Du das, Jordanes?"

Jürg erzitterte heftig, und ein schmerzliches Stöhnen entrang sich seiner Brust. Doch er hielt sich fest zusammen und that immer, als ob er schriebe.

„Es erübrigt, die Summe seiner Thaten zu ziehen," fuhr sie eifrig fort, „zwei Worte genügen: Fidem servavit."

Jürg stieß einen leisen Seufzer aus.

„Ist das nicht die Wahrheit?" fragte sie mit einem strahlenden Lächeln, „ja, ich habe ihm ver=

traut in alle Wege; fiduciam meam in eo collocavi. Und er hat Treue gehalten. Das ist die Summe. Mein Name bleibt dem seinen auf ewig vereint, wie beim Vertrauen ewig die Treue wohnt. — Lege die Feder bei Seite, Jordanes; mein Werk ist vollendet, ich kann zur Ruhe gehen."

Wie von einem Fieber geschüttelt sprang Jürg in die Höhe; hastig schwankte er abseits ans Fenster und drückte die Stirn gegen die Scheibe. Nach einem kurzen zuckenden Kampfe kam er zurück und stellte sich still gefaßt an ihr Lager.

Sie lag jetzt ganz ruhig und hielt die Augen geschlossen; doch ihre Lippen bewegten sich unablässig zu einem undeutlichen Murmeln. Ein befriedigtes Lächeln umspielte ihre sterbenden Züge.

Nach einer Viertelstunde stand der Athem still; es war vorüber. Der Arzt beugte sich über sie und nickte stumm. Herr von Wulffen drückte ihr die Augen zu, schluchzte einmal tief auf und schritt dann hochaufgerichtet ohne ein Wort aus dem Zimmer.

Gleich darnach hörte man seine Stimme aus dem Schloßhofe mit einem scharfen Kommandowort an die Wachen herauftönen.

Jürg nahm Werebroth's Arm und stützte sich schwer auf ihn.

„Ein gesegnetes Ende," sagte Gerd leise be= thränten Auges, „eines edlen Lebens würdig."

„Ja, sie hat den Segen," entgegnete Jürg langsam, „sie hat gesiegt. — Und ich bin der Verlorne. Coriolan — dem Fluche bin ich fortan ohne Rettung verfallen. Glückselig alle Todten!"

———

Siebenunddreißigstes Kapitel.

In der Frühe eines schönen Septembertages verließ der Rektor Bambamius in Begleitung zweier Schüler das Wichenhagen'sche Haus, um sich nach der Wohnung seiner Tochter zu begeben. Er legte die kurze Strecke bis zur Frauenstraße hinauf in strammer, strenger Haltung und würdevoller Gangart, aber doch recht eilig zurück; wenn in der Ferne ein Schuß vernehmbar ward, zuckte er leise zusammen und verlor ein wenig Farbe aus dem Gesicht, dergestalt daß dieses einem frischgebleichten Leinentuche an Weiße gleichkam, als er endlich an dem Kellerhalse des Bernhagen'schen Hauses anlangte: dieses selbst lag in Trümmern.

Mit ungemilderter Hoheit und Festigkeit entließ er die Schüler und stieg die hohe und steile Treppe hinab; doch sobald er sich dem Bereich ihrer Blicke entnommen fühlte, verfiel er in eine Art Zitterkrampf, der ihn in nicht geringe Gefahr brachte, die Stufen hinabzustürzen; gleichwohl gelang es ihm, die Kellertiefe ohne ernstlichen Leibesschaden zu erreichen.

Hier athmete er tief auf, nicht ohne ein leises Wimmern, doch in starker Erleichterung, und hemmte seine Schritte, um die Augen erst an das matte Tageslicht der seltsamen Behausung zu gewöhnen. Diese war sonst gar so unbehaglich noch nicht, wenigstens nicht für den, der von dem grauenhaften Schuttwerk und Getrümmer der Straße herabkam. Frau Margarethens Kunst war es leidlich geglückt, die feuchtgraue Oede des nackten Mauerwerks durch Teppiche und Tücher den Blicken zu entziehen und die übrigen Geräthschaften, soweit sie aus den oberen Stockwerken gerettet waren, derart zu vertheilen, daß der Hauptraum eines gewissen Anscheins von Wohnlichkeit nicht völlig entbehrte. Den allerlieblichsten Anblick für die Insassen freilich bot das gute, feste Gewölbe, das eine vollständige Sicherheit zu gewährleisten schien. Bambamius begrüßte jetzt diese Decke mit einem dankbaren Aufblick.

Er erkannte nunmehr seine Tochter Margarethe, die ihm grüßend entgegentrat.

„Mein Gott, mein Gott!" rief er laut aufstöhnend, „welch ein Weg voller Schrecken! Oder besser gesagt, welch ein armes Herz voller Schrecken und Furcht, dieses hier in meiner kümmerlichen Brust! Warum können Andere solchen Weg vollbringen, ohne mit der Wimper zu zucken, ja in lachender Heiterkeit! Ich aber würde zweifelsohne vor Angst auf offener Gasse zusammenknicken und jämmerlich winseln wie ein kleines Kind und also zum Gespötte der Leute werden, wenn ich nicht die Schüler an meine Seite nähme, vor deren Blick ich mich aus Scham zur Gelassenheit zu zwingen vermag. Ein erbärmliches Schicksal! Ich leide das Zehnfache wie jeder Andere."

„Und doch," versetzte Margarethe mit einem leisen Lächeln, „vermehrt der Herr Vater solche Leiden noch selbst um abermals das Zehnfache und ganz muthwillig, indem er allen Kriegsgreueln zum Trotz mit unerbittlicher Grausamkeit seinen Unterricht fortsetzt, statt hier bei uns im sicheren Keller zu hausen. Und die armen Schüler! Sie hatten sich so herzlich gefreut über den Brand ihres Schulhauses."

„Nicht doch, nicht doch," sagte der Rektor nachdrücklich, „während des Unterrichtes spüre ich keinerlei Furcht — und die Schüler auch nicht."

„Bei den Schülern verdrängt eine Furcht die andere," lachte Margarethe. „Einer hat mir selbst gesagt, sie würden es nicht merken, wenn eine Bombe im Zimmer platzte, in so schrecklichem Banne hält sie Dein Antlitz. Und sicherlich trifft mein Mann die Wahrheit, der da meint, Du hättest in ihnen eine junge Schar spartanischer oder römischer Helden erzogen."

Bambamius schmunzelte mit etlicher Befriedigung, seufzte aber doch gleich wieder.

„Wo ist Bernhagen?" fragte er dann umherspähend.

„Er ist in der Putzstube," erklärte Margarethe und wies auf einen Winkel zwischen den Schränken, der genau für einen Mann von dem mäßigen Umfange des Secretarius hinreichenden Raum zum Sitzen bot.

Bernhagen arbeitete sich aus seiner Enge heraus und begrüßte den Schwiegervater.

„Ich habe soeben wieder einen Monat abgeschlossen," berichtete er eifrig, „anfangend von der großen Beschießung am vierzehnten und folgenden Tagen verwichenen Monats bis hin zum gestrigen Tage. Ich wünschte jetzt den Text mit Ihnen durchzugehen und ernstlich auf seine Wahrhaftigkeit zu prüfen, insonderheit aber auch auf die rechtschaffene Reinlichkeit des feinen teutschen Wortgebrauchs, als in welcher Sache Sie der Meister sind."

Bambamius machte eine gemessene Gebärde der Zustimmung und forschte dann zum andern Male in dem halbhellen Raume umher.

„Wo ist Ursula?" fragte er endlich.

„Natürlich ist immer die schöne Ursula die erste Frage meines eintretenden Herrn Vaters!" rief Margarethe schnippisch.

"Diesmal allerdings erst die zweite," verbesserte der Rektor gewichtig, "und zwar auch das aus besonderem Grunde. Ich möchte ihrer Gesellschaft nicht gern entbehren beim Verlesen der Chronika. Denn wäre ich poeta laureatus wie der große Opitz oder Kaspar Lohenstein oder Flemming oder Logau, ich würde mir beim Vortrage meiner Carmina keinen besseren Zuhörer wünschen als die lauschbegierigen Augen unserer Frau Ursula beim Vernehmen der wahrhaftigen Berichte dieses Diariums."

"Kein Wunder," bemerkte Margarethe, "stößt sie doch auf jeder Seite mit Sicherheit auf einen Namen, der ihr gefallen mag, weil sie selbst ihn zu führen sich vor etlichen Wochen entschlossen hat."

"Nun also, wo ist Frau Ursula Wichenhagen?" fragte Bambamius.

"Sie ist mit einer sehr sündlosen Arbeit beschäftigt," erklärte Margarethe, "das will sagen: sie schläft noch."

"Ei, ei," sagte der Rektor, "sie macht ihrem Namen etliche Ehre: Ursula, die kleine Bärin; sie schläft fürwahr wie eine Bärin."

"Dafür ist sie dann auch," entgegnete Margarethe, "sobald sie aufwacht, frisch und stark wie eine junge Bärin, und frisch und freudig auch, außer wenn sie in ihr tiefsinniges Grübeln über die schlimme Sinnesart ihres angetrauten Bräutigams verfällt. Ich mochte sie nicht wecken, sie sah zu lieblich aus im Schlafe. Könnte Jürg Wichenhagen sie nur einmal so sehen, ich bin gewiß, er machte diesem jämmerlichen Kriege alsbald ein Ende und lebte versöhnt und vergnügt mit ihr in seinem Hause unter der schützenden Hand unseres gnädigen Herrn Kurfürsten. Und eins ist sicher: im Schlaf grübelt sie nicht. Ich konnt' es nicht lassen, ich mußte sie auf den Mund küssen, ganz, ganz leise; und da spürt' ich's deutlich, ihre Lippen küßten wieder; auch ganz, ganz leise, aber doch so — so — na, wie wenn man Jemanden gern hat. Und dann flüsterte sie: „Nimm mich mit Dir!" vollkommen verständlich. Und dann träumte sie stumm weiter. Aber wahrhaftig, der Mensch, den sie da meinte, muß wirklich so klug gewesen sein, sie mitzunehmen, denn so holdselig lächelt man nur, wenn man mitgenommen wird. — Und wenn Du sehr liebenswürdig bist, Heinz, dann will ich auch mal wieder so lächeln — aber auch nur im Traum."

Herr Heinrich Bernhagen machte wirklich einen Versuch, sich liebenswürdig zu erweisen, aber einen sehr täppischen, denn er wollte ihr einen Kuß geben. Das konnte sie nicht dulden. „Wir alten Karrengäule!" sagte sie vorwurfsvoll.

„Ursa in fabula!" rief der Rektor plötzlich,

da ist sie, hell und munter wie ein ausgeschlafener Frühlingsmorgen."

Ursula war da und grüßte die Anwesenden mit frischer Herzlichkeit.

„Gott sei Dank," sagte Margarethe, „jetzt kann ich doch endlich Deinen Schlafsaal aufräumen. Du kannst inzwischen Deine Morgensuppe essen und Dir Mordgeschichten von den Männern einbrocken lassen."

„Der Schlafsaal trägt seinen Namen mit Recht," bemerkte der Secretarius, „denn er ist noch größer als meine Putzstube, wenn auch nicht sehr viel."

Ursula lachte.

„Für mich ist er groß genug," sagte sie heiter, „und die Hauptsache ist, daß ich nicht so früh durch das schreckliche Hämmern geweckt werde wie beim Großvater Tobias."

„Und daß auch kein verrätherischer Schiffer Pust hier herumkundschaftet," setzte Bernhagen hinzu.

„Dagegen giebt es Mordgeschichten," lachte Margarethe, „und da hörte ich lieber noch hämmern."

„Ich weiß nicht," versetzte Ursula ziemlich ernst, „ich habe kriegerische Dinge ertragen gelernt."

„Nun, dann beginnen Sie," mahnte der Rektor.

Sie setzten sich an einen Tisch dicht unter dem kleinen Gitterfenster, der Secretarius nahm sein Tagebuch und erhub seine Stimme.

„Den 18. August fiel bei uns ein allgemeiner

Buß-, Fast- und Bettag ein, welcher aber wegen des vielen Schießens und bisherigen Zerstörung der Gemeinden nicht wie gewöhnlich celebriret worden können, außer daß zu Nikolai und Schloß in lauter Furcht selbiges Tages geprebigt worden.

In folgender Nacht sind die Unsrigen wiederum ausgefallen und haben diesmal vom Feinde viel und mehr denn dreißig Personen niedergemacht, auch unterschiedliche Gefängliche mit anhero gebracht."

„Hier ist vergessen worden, Wichenhagens zu gedenken," bemerkte Ursula scharf.

„Ist mir nicht zu Ohren gekommen, daß er dabei gewesen sei," entschuldigte sich Bernhagen und fuhr fort zu lesen.

„Inmittelst vernehmen wir und sehen augenscheinlich, daß der Feind von Tag zu Tage suchet der Stadt näher zu kommen, maßen derselbe Tags so Nachts quer über unsern Acker und Felder und fast nur einen guten Steinwurf von unserer Contrescarpe sonderlich beim Heiligengeistthor stark approchiren und zu einem Schießwerke große Anstalt und Arbeit thun läßt."

„Es lebt Mancher der Hoffnung," ließ sich der Rektor hier seufzend vernehmen, „der Kommandant werde der Kapitulation endlich zugeneigt sein, sobald unsere Contrescarpe vom Feinde geöffnet worden. Ist aber wohl kaum an dem. Er verstockt sich immer grimmiger; und leider auch unsere Bürgerwehr; die ist jetzt ganz wüthig."

Der Secretarius las weiter:

„Am 21. August wurden einige Schützen wie auch der Rathsdiener Philipp Quant mit Schiffer Pusten wiederum nach Stralsund geschickt.

Am 22. hat der Feind mit Feuerwerfen und unaufhörlichem Schießen continuiret und ist ein Mann selbigen Tages auf der Lastadie in einem Speicher erschossen worden. Dasselbige Geschoß hat auch eine Katze gänzlich zerquetschet und jämmerlich verunziert.

Am 24. ist auf dem Kohlmarkt der Frau Schabelocken eine unmäßig große Kugel so dicht am Leibe vorübergegangen, daß der starke Luftzug das arme Weib aufgehoben und quer über den Markt weg auf einen Misthaufen gesetzt hat. Selbige ist aber alsogleich aufgesprungen und hat ein erschreckliches Schimpfen über solch Unwesen erhoben. Zuletzt ist der Prediger Steinbrück dazugekommen, hat die zornmüthige Frau zur Sanftmuth ermahnt und langsam getröstet.

Den 26. fiel eine Granate eben zu der Zeit, da Predigt gehalten worden, in Sankt Johannis Kirche, welche neun Leute in derselben getödtet und sechs gefährlich blessirt. In Summa, wie man erfahren können, haben die Granaten an selbigem

Tage achtundvierzig Personen in der Stadt getödtet, ohne die, so blessirt worden.

Den 29. Diese Nacht kam Schiffer Pust aus Stralsund zurück mit Bericht, daß Ihre Excellenz der Graf Königsmarck innerhalb wenig Tagen dem Feinde allhier in den Rücken gehen wollte.

Den 30. haben die Unsrigen einen großen Ausfall, unter welchen sich viel Bürger und Bauern wie auch Handwerksbursche mit befunden, zu Roß und Fuß gethan mit so glücklicher avantage, daß sie nicht allein nach gemeiner Aussage auf die anderthalb Hundert von den Feinden niedergemacht, sondern auch dreiundzwanzig Gefangene und zugleich zwei Regiments-Stücke von klarem Metall mit anhero brachten, nachdem sie zuvor zwei halbe Kartaunen und etliche andere Stücke mehr vernagelt. Der Feind aber dessen ungeachtet frisch wieder zu arbeiten angefangen. Auf unserer Seite sind auch nicht wenige Todte, an die vierzig, wie man sagen will, und ebensoviele Blessirte verspüret worden, unter welchen vier Bürger."

„Und Wichenhagen?" unterbrach Ursula den Vortrag mit nachdrücklichem Frageton.

„Ist zweifelsohne diesmal unter den Ausfallenden gewesen," erwiderte Bernhagen, „ich kann's nicht allemal notiren; dieser Mann ist immer dabei, wo es etwas zu thun giebt."

In Ursulas Augen glomm ein heimlich Leuchten

auf, und ihre Wangen überhauchte ein noch frischeres Roth.

Bambamius aber that einen schweren Seufzer:

„Ein unbegreiflicher Mensch! Was habe ich alles gethan, seine irrende Seele der Vernunft und dem Guten wieder zuzuführen! Mit Listen und Netzen habe ich ihn umgarnt und mit köstlicher Weisheit sein Ohr umschmeichelt: es war Alles umsonst. Er bleibt hart und starr bei seinem Willen stehen wie ein fühlloser Stein. Und doch ist es wahr, seit etlichen Wochen ist ein seltsames Wesen in ihn gefahren, gleichsam als ob endlich das Gewissen anfange, ihn kräftig zu tribuliren. Man sieht ihn schwermüthig und dumpf einhergehen, seine Augen, die sonst alle= zeit lachten, blicken freudlos und fast scheu. Ich habe Kunde, daß auch die Bürger das wittern und verdrießliche Reden über ihn führen voll allerlei wunderlichen Argwohns. Ich aber könnte wohl Hoffnungen bauen auf solchen heimlichen Umschwung in seiner Brust, möchte mir auch gern schmeicheln, daß ich nicht am wenigsten ihn so ernstlich aufge= rühret: gleichwohl übermannt mich wieder die Furcht: sein blind tobender Ehrgeiz wird ihn immer wieder elendiglich verlocken."

Bei den letzten Worten fuhr Ursula heftig auf und rief voll Leidenschaft mit flammenden Augen:

„Das ist ein Irrthum, eine schmähliche Ver=

kennung! Niemals wird er sich verlocken lassen, weder nach dieser Seite noch nach der andern, weder durch Ehrgeiz noch durch schmeichelnde Liste: er steht fest auf seinen Willen, weil er weiß, was er will, weil ein großer Gedanke ihn leitet, den wir alle nicht begreifen. Er kann nicht nachlassen und abtrünnig werden, weil der Gedanke ihn festhält."

Ein still betroffenes, schier verlegenes Schweigen der andern folgte dieser kraftvollen Rede.

„Woher kommt Dir solch wundersames Wissen, das Andern verborgen blieb?" fragte endlich Margarethe mit leisem Spott.

„Es kommt mir aus dem Glauben," versetzte Ursula mit Feuer und etlichem Trotz, „ich habe an ihn glauben gelernt, und darum weiß ich, daß er einem geheimen hohen Gedanken dient, den zu verstehen ich seit all diesen Wochen mit Aengsten ringe. Es ist nicht anders, weil es nicht anders sein kann."

„Selig sind, die nicht sehen und doch glauben," seufzte der Rektor. „Von allen Thaten dieses erstaunlichen Menschen scheint mir diese die erstaunlichste, daß er es vermocht hat, Ihre junge Seele, Frau Ursula, einem solchen Zauber zu unterwerfen, daß Sie seine feindliche Meinung allbereits höher schätzen, denn Ihre eigene, die Sie ehedem so feurig ergriffen hatten. Sie greifen nach Wunderdingen, um das Einfachste zu erklären."

„Seine Meinung ist nicht feindlich!" fiel Ursula lebhaft ein, „und doch ist es sein Handeln. Da liegt eben das Räthsel. Er liebt den Kurfürsten und seine Sache und kämpft dennoch wider ihn, nicht ruhig und mäßig aus einem frommen Pflichtgefühl wie etwa die andern ehrlichen Bürger, sondern weit darüber hinaus mit mächtiger Leidenschaft. Das ist nimmermehr anders zu erklären als durch den heiligen Zweck eines gewaltigen, tiefen Gedankens. Ich freilich konnte den bisher noch nicht ergründen; das ist, was mich niederdrückt und zu ewigem Grübeln zwingt. Ich wollte dem gern auf den Knieen danken, der mir auf den Weg hülfe."

„Das ist ein Lohn, der schon eines Nachdenkens werth ist," meinte der Secretarius, „darum wage ich eine Vermuthung: er hat sehr gewichtige rechtliche Gründe. Er wird sich sagen: Der Kurfürst hat im beschworenen Friedenstractate zu Osnabrück der Krone Schweden die Stadt und Festung Stettin feierlich abgetreten, ergo hat er kein Recht mehr, sie für sich zu beanspruchen; ergo muß man seinen Ansprüchen feindlich entgegentreten. Das ist freilich ein Irrthum, der recht beweiset, wie schwer ein Laie in rebus juridicis sich zurechtfindet; denn er mußte bedenken, daß die Krone Schweden selbst besagten Friedenstractat muthwillig gebrochen, ergo ungültig gemacht, ergo den früheren Rechtsstand wiederhergestellt hat, wonach der Kurfürst von Brandenburg der unbestreitbare Erbe des gesammten Pommerlandes ist kraft uralter Erbverbrüderung mit dem Greifenstamme."

„Der Grund läßt sich allenfalls hören," begann der Rektor bedächtig, „jedennoch —"

„Hören läßt er sich," fiel Margarethe lachend ein, „wenn man nämlich nicht taub ist: aber Unsinn ist er. Um solche Schnurrpfeifereien legt sich kein Wichenhagen ins Zeug: der liebt und haßt, und damit ist er fertig. Den Kurfürsten wird er heimlich hassen, weil er ihn um seine Thaten und seinen Ruhm beneidet: die laute Verehrung ist wohl nur ein Schein und ein wenig Verstellung."

Ursula schüttelte sehr kräftig den Kopf.

„Das ist es nicht," sagte sie mit ruhiger Sicherheit, „weder das Eine noch das Andre. Das heißt zu niedrig von ihm denken. Seine Gedanken sind höher. Zu hoch auch leider für meinen armen Sinn; ich kann sie nicht finden."

Bambamius wiegte bedenklich den Kopf.

„O, liebe Frau Ursula," sagte er ernsthaft, „solcher Glaube ist wohl lieblich und schön: aber es ist gefährlich, eine allzu gute Meinung von den Menschen zu hegen; man fällt in die Gefahr einer schmerzlichen Enttäuschung."

„Nein!" rief Ursula freudig, „man soll das

Beste von den Menschen glauben, dann kommt man der Wahrheit um Vieles näher, als wenn man ihnen Böses zutraut und andichtet. Das habe ich recht gelernt und erfahren in diesen schreckenvollen Tagen als eine edle neue Erkenntniß. Denn leider habe ich zu Hause diese frohe Lehre nicht empfangen. In aller Bescheidenheit muß ich meinen Vater anklagen: er hat mich die Leute nicht recht verstehen gelehrt. So ward mir bisher jederzeit weis gemacht, die Leute aus den Zünften seien allzumal ein schlechtes Gesindel, roh, zuchtlos, feige und erbärmliche Trunkenbolde. Nun aber habe ich sie selbst mit meinen Augen von Nahem gesehen und Alles anders erfahren. Ich sah diese Leute täglich zu den Wällen ziehen, ernst und ruhig, fest und streng, Jeden an seiner Stelle, und ich sah sie zumal bei der furchtbaren Arbeit an den brennenden Häusern und Kirchen: wie sie da standen und ihr gefahrvolles Werk vollbrachten mitten unter dem Prasseln der Bomben, unermüdlich und gelassen, in gefesteter Treue, ja, ihrer nicht Wenige lachend und voll tapferer Heiterkeit: da ward ich voll Scham und Reue erst gewahr, mit wie ungerechtem Urtheil ich sie ehedem verachtet hatte. So lernte ich Gutes glauben von den geringen Leuten: und ich sollte einen schlimmen Glauben hegen von einem Manne, zu dem jene alle bewundernd hinaufblicken?"

„Nun, nun, nun," sprach der Rektor Bambamius,

„Sie haben ganz recht gesehen, liebe Frau Ursula: und dennoch bezichtigen Sie sich sehr zu Unrecht eines Irrthums, der Ihnen Scham und Reue erwecken dürfte. Nein, so arges Gesindel, wie Sie vordem glaubten, waren diese Leute wirklich, wüst und verrottet, feige und kläglich, ganz haltlos und verworren; sie rissen das Maul auf, prahlten und spreizten sich als grausamliche Helden: und als die allerersten Bomben sausten, da krochen sie in alle Winkel und warfen ihre Waffen fort, heulten und winselten — — Herr, mein Gott, warum hast Du die menschliche Natur so gar elend geschaffen! Wer konnte da glauben, diese Lumpen würden jemals als rechtschaffene Kriegsmänner dem Feinde Stand halten? Die Wahrheit zu sagen, ich für meinen Theil erhoffte unsrer guten Sache das Allerbeste von ihrer Feigheit. Das ist nun freilich leider ganz anders gekommen; und Niemand als Wichenhagen trägt zweifelsohne die Schuld daran, daß der Kurfürst in unsern Bürgern so schlimm wehrhafte Gegner findet — nun aber, dafür auch, so Gott will, in Bälde desto tüchtigere Unterthanen — — was haben Sie, schöne Ursula? Sie machen auf einmal ein Gesicht, als ob Ihnen eine neue Heilsbotschaft vom Himmel herab verkündet würde."

Ursula saß mit großen, leuchtenden, seltsamen Augen in sich versunken und wie entrückt; auf ihren

Wangen entzündete sich ein haftig wechselndes Roth, ihre Lippen bewegten sich in einem unhörbaren Flüstern.

Dann füllten ihre Augen sich langsam mit Thränen, indeß die Lippen unmerklich ein glückseliges Lächeln zu umspielen begann.

„Wenn es das wäre! Wenn es das wäre!" murmelte sie, still die Hände faltend.

Plötzlich sprang sie in die Höhe.

„Und wie kann ich da zweifeln?" rief sie in hellem Jubel, „das ist sein Gedanke, der geheime, tiefsinnige, große, den ich begreifen sollte aus eigener Kraft. Der ist es, um den ich gerungen habe von Tag zu Tage mit dem ganzen Herzen, den ich suchte und suchte wie ein verlornes Kleinod. Und nun habe ich es gefunden. Seit dem schrecklichen Tage, da er im Zorn mich von sich stieß, war all' mein Sinnen bei Tage und bei Nacht mit heißer Inbrunst darauf gerichtet, das geheime Wesen des räthselvollen Mannes mir zu entwirren. Ich stellte sein Antlitz vor mich bei Tage und bei Nacht und suchte in seinen Zügen den Gedanken zu lesen: doch es wollte nicht gelingen. Und ich lauschte den Thaten, die man von ihm berichtete; jedes Wort prägte ich mir ein, das er irgendwo gesprochen hatte: und doch konnte ich ihn immer noch nicht verstehen. Aber bei allem vergeblichen Suchen bin ich niemals verzagt geworden, sondern mich zwang etwas, immerfort freudig an ihn zu glauben. Und weil ich glaubte, konnte ich immer hoffen, und weil ich hoffte und weiter suchte, habe ich endlich gefunden. Keine Macht der Welt kann mir diesen Fund mehr entreißen; ich habe ihn und ich halte ihn. Fortan brauche ich die Augen nicht mehr niederzuschlagen vor dem stolzen Manne; ich darf hoffen, seiner werth zu werden."

So rief sie feurig, und die tiefste Glückseligkeit strahlte aus ihren Blicken.

Frau Margarethe sah verwundert und betroffen, ja fast ängstlich zu ihr auf.

„Himmel, was sie redet!" flüsterte sie heimlich ihrem Manne zu, „sie wird doch nicht krank sein? Das klingt so absonderlich."

Auch der Secretarius schüttelte etwas bedenklich den Kopf und murrte nur Unverständliches. Bambamius aber sprach nach einigem Besinnen mit einem milden Lächeln:

„Schöne Frau Ursula, Sie werden sich schon entschließen müssen, uns Ihre Meinung noch eines Näheren auszudeuten; ich wenigstens bin nicht so vermessen, zu glauben, daß ich Ihren hohen Gedanken bereits verstünde. Erbarmen Sie sich unserer Schwachheit."

Auf Ursulas Lippen trat ein übermüthiges und höchst schalkhaftes Lächeln.

„Ei, so ist es recht!" rief sie neckend, „jetzt mögen Andre suchen und grübeln und sich in Neugier quälen. Ich aber bin jetzt die Stolze; ich weiß, was ich weiß, aber ich sage es Niemandem — vielleicht einmal Einem, der hier nicht unter uns ist: wenn ich dem aus bösem Zufall irgendwo begegne, dem will ich es verrathen. So lange bleibt es mein köstliches Geheimniß. — Ich bitte, lesen Sie weiter, Herr Secretarius."

Bernhagen zögerte in etlicher Verlegenheit; als aber die Andern nachdenklich schwiegen, griff er zu dem Buche, um weiter zu lesen.

„Am ersten September —" begann er.

„Oho," unterbrach ihn der Rektor, „Sie haben den Letzten des August vergessen, einen sehr wichtigen Tag und ein frohes Ereigniß."

Bernhagen blickte ihn ernstlich erschrocken und fragend an.

„An diesem Tage," erklärte Jener schmunzelnd, „verließ Frau Ursula Wichenhagen den Herd und Blasebalg des Meisters Tobias, weil sie sich vor den Späherblicken des schleichenden Schiffers Pust nicht mehr sicher fühlte, und siedelte herüber in die Prunkräume des Bernhagen'schen Hauses."

„Das gehört mit nichten unter die öffentlichen Dinge," bemerkte der Secretarius ein wenig ärgerlich.

„Hierüber möchte füglich zu streiten sein," meinte Bambamius ernsthaft, „doch lassen Sie uns weiter hören."

Bernhagen begann zum andern Male:

„Am ersten September ist im Rath darüber deliberirt worden, was etwa zu thun sei wider die Willkür des Kaufmanns Wichenhagen, der in seinem Hause Herrn Barnim Hogenholt als einen ergriffenen Späher böslich und trotzig noch immer gefangen halte —"

„Was ist das?" rief hier Ursula erschrocken auffahrend, „mein Vetter Barnim ist gefangen? Und Wichenhagen ist's, der ihn in Haft hält? Das wäre schrecklich und sehr seltsam."

„Es ist leider so," bestätigte Bernhagen, „wir verhehlten es Ihnen, um Sie nicht zu ängstigen. Nun hat es der Zufall ans Licht gebracht. Wichenhagen will Herrn Barnim durch Schiffer Pust bei verrätherischen Umtrieben ertappt haben und hält ihn willkürlich verschlossen, ohne irgendwem darüber Rede stehen zu wollen, weder dem Rath noch den Zünften, noch dem schwedischen Kriegsgericht. Es ist ein beispielloser Uebermuth. Leider fürchtet man gar ernstlich für das Leben des unglücklichen Opfers."

Ursula war blaß geworden und saß eine kurze

Weile in Brüten verloren. Dann stand sie in jäher Entschlossenheit auf und rief mit festem Eifer:

„Er muß ihn herausgeben. Ich will ihn mir losbitten. Jetzt auf der Stelle. Margarethe, willst Du mich begleiten?"

„Du? Zu ihm?" fragte diese in froher Ueberraschung, „mit tausend Freuden begleite ich Dich. Bei einer solchen Begegnung zwischen zwei jungen Ehegatten Zeuge zu sein — etwas Hübscheres konnte ich mir nimmermehr träumen lassen."

Ursula wurde glühend roth; ein heftiges Zittern überlief ihre Glieder.

„Ich kann nicht, ich kann nicht!" jammerte sie, und rang stöhnend die Hände.

„Es wird nicht so schlimm," tröstete Margarethe heiter, „komm nur immer. Ich stehe Dir ja bei."

Ursula warf ihr einen etwas kühlen und hochmüthigen Blick zu, stand aber noch immer in Zagen und Schwanken.

„Oder wenn Du lieber allein gehen willst —" sagte Margarethe spöttisch, „das ist am Ende das Richtigste unter zärtlichen Gatten."

„Das ist unmöglich, erst recht unmöglich!" rief Ursula tief zusammenschaudernd, „lieber gleich in die Erde sinken! Nein, wenn es schon sein muß — komm mit mir, liebe Margarethe! Es muß ja sein."

Achtunddreißigstes Kapitel.

„So, da bin ich mal wieder," sagte Schiffer Puft und trat in Wichenhagens Zimmer.

„Willkommen, wie immer!" erwiderte Jürg, ihn freudig begrüßend, „Und was bringst Du Neues? Immer die alte Frage."

„Aber 'ne neue Antwort," versetzte Puft mit etwas trübseliger Miene. „Mir ist was passirt, Jürg; bloß mir allein; aber ganz was Faules. Und sogar was Dummes. Mit mir geht's nu auch zu Ende, grade wie mit Dir schon lange. Es ist im Kopf nicht mehr richtig bei mir; das ist die An= steckung von Dir. Ich werd' ja wohl nu nächstens bei den Brandenburgern in Dienst gehen und da Pferdeknecht werden. Es wird nicht anders, ich seh's schon kommen."

„Nun, so erzähle vor Allem," drängte Jürg halb lächelnd und doch ein wenig betroffen über Pustens bedrücktes und wunderliches Wesen.

„Ich war durch die Parnitz über den Damm= schen See nach Bergelank 'rüber," berichtete der Schiffer, „etliche dreißig Mann in acht Böten. Ich hatte Kunde, daß da die feindlichen Kaperkapitäns viel an Land gehen; von denen hoffte ich welche attrapiren und einbringen zu können. Wir kamen glücklich durch den Strom und all ihre Wachten; aber prof't Mahlzeit, in Bergelank war von Kapitäns nichts zu sehen. Dahingegen fanden wir, als es Morgen wurde, eine ganze Koppel Pferde da auf der Weide, an die hundertfünfzig Stück, und ein Dutzend Dragoner und Bauern dabei, die sie hüteten. Na, diese Leute nahmen wir denn gefangen und brachten sie in die Böte. Die Gäule aber konnten wir doch nicht verstauen, also gab ich Befehl, sie alle niederzustoßen.

Das ging denn nu auch los; ich streifte die Aermel auf und hatte meinen Festtag. Die große grüne Wiese war ein feiner Schlachthof und ein prächtiger Schinbanger. Ruck, ruck, ruck, eins nach dem anderen von den zappligen Ludern knackte zusammen.

Nu mußt Du wissen, Jürg, hier zeigte es sich erst, was so'n Gaul für ein elendiges und schäbiges Biest ist. Denk' Dir bloß mal, Du siehst ein Schiff untergehen; entweder es sitzt auf'm Strand und die Wellen zerreißen es, oder es knallt gegen einen Felsen, oder es hat ein Leck und kommt zum Sinken; alles ganz gleich, immer hat es seinen Schick und sieht nach was aus; Du kannst nicht anders sagen, und wenn es Dein eigen Schiff ist, es sieht nobel und schön aus; ein bißchen graulig, ja, aber das Graulen ist manchesmal ein Vergnügen, besonders beim Zusehen. Ein Schiff nimmt ein Ende mit Schrecken, aber immer mit Anstand.

Und nun denk' Dir solch' ein erbärmliches Vieh= zeug. Du giebst ihm Deinen Stoß zwischen die Rippen, und es kriegt sein Leck. Jetzt könnt' es sich doch ruhig ins Gras legen und todt sein, weil es nu doch mal kein Wasser hat' zum anständigen Sinken. Aber nicht mal das thut's. Es fängt elend an zu zittern und mit dem Kopf zu wackeln wie ein dämliches altes Weib; und dann knickt es zusammen mit so 'nen ekligen ungeschickten Ruck, und dann liegt es da und wälzt sich wie ein Köter, wenn ihn die Flöhe jucken, und zappelt und strampelt, daß es gar keine Art mehr hat. Es ist bloß graulig zu sehen und ganz ohne Vergnügen. Und wenn es endlich, Gott sei Dank, hin ist, dann liegt es da so 'rum als ein scheußliches Aas.

Nu hatt' ich wohl schon ein Dutzend nieder= gelegt und dachte bei mir: Es ist immer doch ein Anfang, dem ganzen Unwesen mit dem mißbräuch= lichen Viehzeug in der Welt ein Ende zu machen! Da kam ich an ein Junges, was so die Pferde= gärtner ein Füllen nennen. Das kam grade auf mich losgelaufen, als ich die Alte ihm eben ab=

gestochen hatte, und legte seinen Kopf auf meine
Schulter und schubberte sich da. Davon wurd' mir
schon ein bißchen komisch zu Muth, denn das hatte
so was Zutrauliches wie ein kleiner Karnickel; und
gegen das Zutrauliche hab' ich immer 'ne kleine
Schwächlichkeit. So zum Beispiel, Jürg, hast Du
als kleiner Bengel so was an Dir gehabt: nicht daß
Du grade die Nase schubbertest, aber doch so ähn=
lich, Du hatt'st in Deinen Augen gleichsam was
Schubberiges: und darum grade hab' ich Dich immer
so gern gehabt.

Und nun fing das kleine Pferdekarnickel an,
immer rund um mich 'rumzuhopsen, rein als wenn
es mich necken wollte, und ich merkte dabei, es hatte
so sehr niedliche Beinchen, die immer so trappelten.
Und dabei hatte es so'n listiges kleines Wiehern; ich
glaub' wahrhaftig, es lachte mich aus, denn grad'
so klang es.

Da wurd' ich wüthend und faßte mein Seiten=
gewehr ein bißchen handlicher zwischen die Finger.
Darüber kam das dumme Luderchen wieder grad'
auf mich losgehopst und stellte sich so mit den Rippen
gegen mich hin, als daß ich es ein bißchen in die
Seiten kitzeln und kille, kille machen sollte. J, denk'
ich, du Schaf, dich woll'n wir schon kitzeln! Aber
ich that es doch nicht und stand da neben ihm, selbst
wie ein Schaf. Was will denn das Rackerzeug

eigentlich von dir? dacht' ich so weiter, das ist ja rein ängstlich. Und die Geschichte war wirklich so, daß mir anfing, verquer im Kopfe zu werden.

Indem hört' ich ganz dicht bei ein wildes Stampfen und Wühlen; und dabei stand doch das Thierchen ganz still vor mir auf seinen Beinen und drehte den Kopf mit den blanken Augen ganz listig nach hinterwärts zu mir 'rum und schäkerte so gleichsam. Jetzt merkt' ich aber, daß dies Trampeln von der todten Alten kam, die nämlich doch noch ein bißchen lebte.

Das ging mir mit einem solchen Schreck in die Glieder, daß ich dachte, der Deubel säß' ja wohl in dem Unthier und wollt' was von mir von wegen meiner Sünden. Na, gleich darauf schämt' ich mich aber doch und wollte dem Biest mit der Pistole einen Gnadenschuß geben, der Alten nämlich. Da sah sie mich mit einmal ganz merkwürdig an mit ihren Augen, garnicht boshaft und grimmig, daß ich sie gestochen hatte, sondern recht wehleidig und, ich will mal sagen, bittmäßig.

Gott's ein Donner, dacht' ich, die meint ja wohl ihr Junges! — Ich weiß ja nicht mal, ob sie das wirklich so gemeint hat, denn sie zappelte bloß noch einmal ganz sachte, und nun war sie wirklich mausetodt und konnt' mir nichts mehr winken.

Mir aber war hundserbärmlich ums Herz, ich

weiß nicht, wie, und ich weiß nicht, wieso. Und als nun das kleine Vieh anfing, an der Alten herumzuschnuppern, aber noch garnichts merkte, sondern sehr vergnügt hinten ausfeuerte und im Kreise um sie herumhopste, da kriegt' ich's mit der Angst, der kleine Racker könnte doch was merken, wenn die Mutter erst kalt wurd', und daß er mich dann ja wohl als den Mörder erkennen mußte! und davor hatt' ich die größte Bangniß und kriegte ordentlich Stiche in den Seiten davon und 'ne eiskalte Gänsehaut.

Jetzt hatt' ich endlich 'nen Einfall; ich rief mir ein paar Leute 'ran und sagte: „Kinder, fangt mir dies Thierchen und verstaut es in meine Boot; ich möcht' Jürg Wichenhagen gern was Hübsches mitbringen, und der hat so was so gern."

Da haben sie das gethan, und wir haben das Füllen mitgebracht, und Du kannst es besehen. Und wenn Du es behalten willst, soll mir das recht sein, da ist es in guten Händen; aber wenn Du's weggeben willst, mußt Du mir versprechen, daß es in ein anständiges Haus kommt und gute Behandlung kriegt, denn dafür bin ich verantwortlich. Ich selbst aber möcht' es nicht wiedersehen, ich graul' mich davor, daß ich dann wieder Seitenstechen kriegen könnt', wenn es mich so ankuckt von wegen seiner Mutter.

Und das Schlimmste bei der Geschichte ist, daß ich auf meine alten Tage ja nu werd' betteln gehen müssen: mit dem Schindergeschäft ist es nichts mehr. Höchstens daß ich als Stalljung' oder so was werd' gehen können.

Und endlich noch das Allerschlimmste: es ist 'ne Vorbedeutung. Mit solchen Dingen kenn' ich mich sicher aus, Du weißt, wie mit dem Klabautermann; Du willst ja da manchmal nicht recht an glauben, aber ich hab' allemal Recht gekriegt damit, das mußt Du mir zugeben, und so kannst Du mir auch selbst glauben: es ist nicht anders, wir werden brandenburgisch. Es braucht nicht heut oder morgen zu sein, aber werden thun wir's. Da verlaß Dich auf Niklas Pusten und seine Gefühle."

„Mit solchen Gefühlen könnte ich auch aufwarten," sagte Jürg mit einem halben Lächeln, „und zwar, wie Du weißt, schon seit recht langer Zeit. Und daß ich ohne diese zuversichtliche Hoffnung längst zermalmt wäre von Verzweiflung, kann Dir auch bekannt sein. Aber da fällt auch das Abschlachten dieser armen Geschöpfe wieder schwer auf mich — Alles auf mich — immer auf mich —"

„Höre mal, Jürg, Du kriegst Besuch," rief plötzlich Pust, der nach seiner Gewohnheit immer aus dem Fenster spähte, „weiß der Teufel, was die Kerls wollen mögen, sie machen so vertrackte und bärbeißige Gesichter. Ein rundes Dutzend — nein, elf sind es bloß; ach so, ach so; siehst Du wohl? Merkst Du was? Von jeder Compagnie Einer. Na, daß die Lümmel man was wollen von Dir! Und ganz gewiß nichts Gutes. Jetzt sind sie ins Haus. Na, gnad' ihnen Gott, wenn die auch was wittern von dem Brandenburgischwerden und sich denn ja wohl ergeben wollen. Gnad' ihnen Gott, sag' ich bloß, ich schieß' auf sie. Jürg, ich sag' Dir, wir ergeben uns nicht!"

„Nein," versetzte Wichenhagen düster, „von Ergebung kann noch lange nicht die Rede sein."

„Na, dann werd' ich sie 'reinholen," sagte Pust beruhigt, „dann können wir ja hören. Neugierig bin ich doch, was die haben mögen."

Er ging aus der Thür den Angekündigten entgegen und führte sie herein.

Die elf Männer der Bürgerwehr kamen in vollen Waffen, nahmen schweigend Wichenhagen gegenüber in langer Reihe eine kriegerische Aufstellung und standen nun da mit finstern, trotzigen und verlegenen Gesichtern, doch immer noch stumm.

Pust zog sich grinsend in einen Winkel am Fenster zurück; Jürg kreuzte die Arme über der Brust und musterte die Leute eine Weile kopfschüttelnd mit fragenden Blicken.

„Nun, Kinder, was bringt Ihr?" fragte er

endlich), als Keiner das Wort ergriff. Auch jetzt erhielt er noch keine Antwort; nur rief Böttcher Eickstädt:

„Na, Knochenhauer, nu red' Du; Du wollt'st ja reden."

„Habt Ihr keine Mäuler?" fragte Boldewan zurück, „Ihr habt doch vorher genug schwadronirt."

„Und Du wohl nicht?" erhielt er zur Antwort, „Du warst doch der Erste. Und bist doch sonst ein Grobian und Großmaul."

„Und Ihr seid Esel," schrie er wüthend, „und jetzt sag' ich erst recht kein Wort. Aber Euch schlag' ich nachher die Knochen zusammen, Einem nach dem Andern."

„Kinder, wenn Ihr Euch prügeln wollt," sagte Wichenhagen gelassen, „das thut Ihr am besten gleich jetzt am Anfang, dann habt Ihr nachher Ruhe und könnt Euch wieder vertragen. Und dann kommt vielleicht am Ende auch Einer zum Reden."

„Nein, Herr Wichenhagen," entschloß sich Boldewan endlich zu erwidern, „hier können wir uns nicht hauen, denn hier sind wir in Dienst. Wir sind hier die ganzen elf Bürgercompagnien; bloß daß die hier nicht ganz 'reingehen, sonst würden sie alle kommen. Nu aber schicken sie uns, von jeder Compagnie Einen. Und wir müssen mit Ihnen reden; das geht so nicht weiter. Erstens von wegen damals, daß Sie mich damals nicht zum Schuß kommen ließen auf den Herrn Kurfürsten. Hätt' ich den damals hingelegt, lebte heut mein Kind noch; das hat vor Schreck die Krämpfe gekriegt, als die Bombe bei mir einfiel, und ist davon eingegangen."

Er verstummte und rieb sich die Augen.

„Ist Dein Kind mehr werth als ein gesalbter Fürst?" fragte Wichenhagen finster.

„Ja, Herr, mir ist's mehr werth," versetzte Boldewan treuherzig.

„Und immer war das verdächtig," fiel Eickstädt jetzt ein, „und verdächtig ist noch Vieles. Sie dürfen uns das so sehr nicht übel nehmen, Herr Wichenhagen, wenn wir uns hier mal auf die Hinterbeine setzen mit unserm Verdacht. Wir haben lange genug dran gekaut, eh' wir's klein kriegten, denn gegen Sie mochten wir doch nicht so unbedachtsam drauf losgehen. Aber jetzt ist es uns zu toll geworden, wir können nicht still mehr dabei stehen. Wenn wir alle Tage hier unser schönes Fell sollen zu Markte tragen, müssen wir auch wissen, daß nicht Einer meuchlerisch hinter uns steht und uns in den Rücken pikt. Darum sag' ich: Die Heiratherei mit den Hogenholt's hat uns schon garnicht gefallen; und daß sie den Alten, der ein reinlicher Verräther ist, mit Hinterlist haben auskratzen lassen, das schon noch viel weniger. Aber das Allerschlimmste, daß Sie diesen Herrn Barnim, der ein abgefaßter Spion ist, hier in Ihrem Hause versteckt halten, daß wir ihn nicht hängen können; das soll der Deubel begreifen."

„Und dann überhaupt," ergriff Bolbewan wieder das Wort, „immer haben Sie's mit den verfluchten Kundschaftern gehalten und die iu Ihren Schutz genommen. Erstensmal den Schneider Holzbock, und den nun schon zweimal. Das ist doch schon merkwürdig, und übel dürfen Sie uns das nicht nehmen. Und dann ist da aber ein kurfürstlicher Hauptmann, da schlag' der Deubel drein. Denn er ist ein Stettiner Kind, und ich hab' ihn eigenhändig mit Ihnen bei nächtlicher Weile durch die Straßen schleichen sehen. Und Beienburg heißt er. Und nachher war er hier in der Stadt als ein öffentlicher Abgesandter von dem Herrn Kurfürsten von wegen der Uebergabe. Und dabei hat er Ihnen was zugeflüstert, das habe ich auch eigenhändig gesehen, und Sie können es nicht streiten. Gehört hab' ich ja nichts, denn ich stand zu weit ab; aber was soll es gewesen sein? Irgend ein heimlicher Anschlag. Und jetzt läuft er schon wieder hier verdächtig herum und giebt sich für einen Kriegsgefangnen aus; und das ist er ja auch, denn sie haben ihn heut Nacht eingebracht; aber es steckt doch was dahinter, das ist nicht anders zu glauben."

„Was?" unterbrach ihn Wichenhagen in höchster

Ueberraschung, „Beienburg gefangen? Und ist in der Stadt! Doch nicht verwundet?"

„Nein, heil und ganz und treibt sich frei 'rum, und Sie können sich getrost wieder mit ihm zusammenstecken. Und Sie zeigen's ja nu selbst, daß Sie was mit ihm haben. Es thut mir zu leid, Herr Wichenhagen, daß ich grad' mit meinen verfluchten Augen immer so was sehen muß; aber ich kann's doch nicht ändern, und Sie dürfen's nicht übel nehmen. Denn merkwürdig bleibt es."

„Na, und wenn noch was merkwürdig ist," fuhr Zacharias Fleck jetzt eifrig dazwischen, „dann ist es doch wohl das: gehen Sie 'rum in der Stadt und sehen sich die Häuser an und zählen Sie mal, wie viele Sie da wohl finden, die noch heil und ganz sind! Und nu sehen Sie Ihr Haus an, wo wir jetzt drin stehen: das ist so schön heil, daß es ein wahrer Staat ist, als wenn's all die Zeit unter 'ner eisernen Glocke gestanden hätt'. Und nu sag' mir Einer, was soll man davon denken? Entweder man muß an ein Wunder glauben oder an was Andres. Aber wenn's ein Wunder wär', müßt's in der Bibel stehen; und da steht's nicht: also ist es was Anders. Und was es ist, das wissen wir auch: ein richtiges ausgestunkenes Komplott ist's. Das sagen wir Ihnen auf den Kopf zu, das haben Sie mit dem brandenburgischen Kurfürsten gemacht, daß er uns alle soll in Grund

und Boden schießen und die Kirchen auch, und bloß Ihr Haus soll stehen bleiben. Das ist die Geschichte, und das können Sie nicht wegleugnen. Sie haben oft genug selbst davon gered't, daß der Kurfürst Ihr Mann wär', und Sie möchten ihn gut leiden. Und darum wollten Sie auch auf ihn nicht schießen lassen: natürlicherweise; das heißt Wurst wider Wurst."

Wichenhagen hörte mit dem äußersten Erstaunen diese seltsamen Reden.

„Das ist aber wirklich eine merkwürdige Entdeckung," sagte er kühl nach einem kurzen Besinnen, „jetzt möcht' ich bloß eins wissen: warum hab' ich mich denn überhaupt so lange gequält, die Stadt zu vertheidigen? Warum ließ ich, als Ihr bei der ersten Beschießung vor Angst in alle Winkel krocht, Euch nicht ruhig drin sitzen? Warum hab' ich die Meuterer, die das Thor aufbrechen wollten, mit aller Gewalt daran gehindert? Ich brauchte doch bloß das Maul zu halten, und Alles war in Ordnung, und der Kurfürst und ich konnten vergnüglich die Beute theilen! Da muß ich doch ein Dummkopf sonder Gleichen gewesen sein. Könnt Ihr denn das begreifen? Ich kann's nicht. Da seid Ihr eben klüger — oder habt Ihr Euch auch noch keinen Vers darauf gemacht?"

„Ja wohl ja, das haben wir," rief Boldewan auftrumpfend, „und da sitzt eben die Hinterlist. Wir wissen ganz gut, denn es ist eine allgemeine Rede, der Kurfürst will Stettin nicht bloß erobern, sondern er will es zu seiner Hauptstadt machen. Das wollen nu aber seine frechen Berliner nicht leiden, die bis jetzt seine Hauptstadt gewesen sind, und sie sind ihm ja wohl aufsässig geworden: und darum so soll nu Stettin so lange erst beschossen werden, bis alle Bürger erschlagen und todt sind: und dann sollen nachher die Berliner sich hier anbauen; und auf die Art haben sie ihren Willen und wohnen in der Hauptstadt, und der Kurfürst hat auch seinen Willen, daß Stettin das wird. Das ist der Vers, den wir uns darauf gemacht haben, Herr Wichenhagen. Richtig ist er, aber schön klingen thut er uns nicht, und wir mögen ihn nicht singen."

Boldewan schwieg und stand in halb scheuer, halb herausfordernder Haltung.

Aus Pustens Winkel scholl ein lautes Gelächter. Jürg aber blieb ernst und fragte nur kalt und mit schneidender Schärfe:

„Und der Sinn all des Gefasels ist: Ihr wollt Euch ducken und die Stadt übergeben?"

„Nein, Herr Wichenhagen, das ist nicht der Sinn!" schrie Boldewan mit dröhnender Stimme, „der Sinn ist anders: wir wollen uns wehren bis auf den letzten Mann und den letzten Blutstropfen, und wenn's sein muß, auch bis auf das letzte Weib.

Das haben wir beschlossen, und dabei bleiben wir. Wir wollen dem Brandenburger draußen zeigen, was ein pommerscher Dickkopf ist, und dem Schweden hier drinnen, was ein deutscher Bürger ist. Das ist der Sinn, und wenn das gefaselt ist, soll es uns recht sein, dann faseln wir weiter bis zum letzten Blutstropfen. — Zu Ihnen aber haben wir kein Zutrauen mehr, das ist auch der Sinn, und können Sie nicht mehr brauchen. Zu Leide thun wollen wir Ihnen nichts, denn wir haben Sie sonst gern gehabt und haben was Gutes von Ihnen gelernt. Aber Sie müssen aus der Stadt; dafür sind wir hier, daß wir Sie vor die Wälle bringen. Wohin Sie gehen wollen, ist uns ganz gleich, zum Brandenburger oder nach Stralsund oder meinetwegen nach Stockholm; das können Sie abreden mit Ihrem Schiffer Pust, denn der muß auch mit, das Luder lügt; bloß 'raus müssen Sie, und das auf der Stelle."

Boldewan faßte seine Muskete und ließ den Kolben rasselnd auf den Fußboden fallen; die andern Zehn folgten dem drohenden Beispiel.

Jürg trat jäh einen Schritt zurück. Pust kam langsam aus seiner Fensternische hervor und stellte sich, ohne sonderliche Erregung zu zeigen, an seine Seite.

„Pust," rief Jürg mit einem bittern Auflachen,

„was sagst Du zu meinen anstelligen Lehrlingen? Sie jagen ihren Meister flottweg aus seiner Werkstatt. Recht haben sie, dreimal Recht. Sie machen sich selbständig, werden selbst zu Meistern. Was soll ich Besseres wünschen? — Und hab' ich den wackeren Kerlen nicht noch mehr zu danken? Wenn es irgend einen Ausweg giebt aus meinen Qualen, so ist es dieser. Ich weiche nur dem Zwange und bin doch befreit aus dem zermalmenden Zwiespalt. Auch Estrids verklärter Geist kann mich keiner Untreue zeihen. Es ist eine Lösung, eine ungeahnte. — Und bennoch," fügte er düsterer hinzu, „ist es keine tröstliche Lösung. Es ist schandbarer Zwang. Eine bessere immer ist es, ich widersetze mich mit den Waffen. Zum wenigsten eine sichere Lösung für alle Ewigkeit —"

„Jürg," unterbrach ihn Puft, „das ist wieder Narretei. Es ist sogar schlimmer. Dann schieß Dich lieber selbst todt, das ist wenigstens ehrlich. Es ist noch nicht aller Tage Abend und nicht mal dieses einen Tages. Vorläufig weiß ich da noch einen andern Ausweg. Sieh mal," sprach er in noch leiserem Flüsterton, „wenn die Lumpen uns 'rausschmeißen wollen, da werden wir doch irgendwo einem Schweden begegnen. Und wenn wir dem etwas zurufen für den Herrn Kommandanten, glaubst Du, der wird Dich in der Patsche stecken lassen?

Da kenn' ich ihn anders. Also gieb Dich jetzt, und dann wollen wir sehen."

„Nein," rief Jürg laut und leidenschaftlich, „dann will ich doch erst sehen, ob ich nicht allein fertig werden sollte mit meinen Leuten. Ich kann die Schmach weder dieses Zwanges in meinem eignen Hause noch der schwedischen Hülfe dulden. Das ist wider meine Natur. Ich helfe mir selber. — Leute," wandte er sich mit Würde an die Bürger, „ich will Euch eine Antwort geben, die Euch allen genügen soll, eine sehr kurze Antwort, aber eine mit der That. Nur eine Stunde brauche ich zu der Vorbereitung; die müßt Ihr mir gönnen. Und dann — es schickt sich doch nicht, daß Ihr mir hier Gewalt zufügt in meinem Hause. Zum mindesten werde ich das nimmermehr dulden. Hier bin ich der Herr und habe das Hausrecht. Es zu vertheidigen habe ich Säbel und Pistolen und bewaffnete Dienerschaft. Dagegen verspreche ich Euch auf meine Ehre: binnen einer Stunde bin ich bei Euch auf dem Fischmarkt und sage Euch meine Antwort. Und dann sollt Ihr thun können ganz nach Eurem Gutdünken. Habt Ihr weiter einen Argwohn, so steht es Euch frei, das Haus zu besetzen an beiden Ausgängen, auch den Hof, jede Thür und jedes Fenster; fliegen kann ich nicht, und ein Maulwurf bin ich auch nicht; also sicher bin ich Euch. Wollt Ihr darauf eingehen, so wird Alles gut werden, denn meine Antwort ist wirksam, darauf könnt Ihr Euch verlassen — eine feurige Antwort! Mit Flammenzungen will ich zu Euch reden, und Ihr werdet mich verstehen! — Wollt Ihr das nicht, so steht hier der Hausherr!"

So rief er mit blitzenden Augen. Die Bürger standen betroffen und verwirrt und rückten langsam zusammen zu einer halblauten Unterredung.

Unter dieser Zeit kam ein Diener herein und überbrachte Wichenhagen eine leise Meldung.

Dieser fuhr heftig zusammen, erbleichte jählings und packte mit beiden Händen Pustens Arm, als müßte er sich an ihm halten, um nicht zu Boden zu sinken. Der Diener trat bescheiden einige Schritte zurück.

„Pust," flüsterte Jürg, „ich sage Dir, das ist furchtbar. Kein Mensch ist so unglücklich, daß er nicht noch tiefer versinken könnte. Ich glaubte den Grund des Sumpfes erreicht zu haben; es war ein kindlicher Irrthum. Schon diese Leute haben mich belehrt: sie trafen mich tiefer, als ich gern bekennen mag. Zu allem Gift, das ich schon getrunken, noch die Bitterkeit so schandbaren Argwohns, den ich nicht ahnte und nicht verdiente — oder doch verdiente: vielleicht daß sie auf meiner Stirn den Stempel des Zweifels, der Angst und der Unlust erkannten —"

„Na, Jürg," unterbrach ihn Pust, „darum sollt'st

Du Dich nicht aufregen. Du sagst ja selbst, Du willst ihnen antworten mit brenzligen Zungen. Und auf Deine Antworten ist Verlaß, die kenn' ich, die schlagen durch."

„Ich will es verwinden," entgegnete Jürg kurz. „Aber jetzt naht das Schwerere: Ursula, mein Weib, ist da und verlangt mit mir zu sprechen. Das ist entsetzlich. Vielleicht daß sie kommt, mir die versöhnende Hand zu reichen: und ich Unglückseliger muß sie zurückstoßen; zum zweiten Mal — aber anders, ganz anders. Einst in wahnsinnigem Hochmuth, jetzt als ein armseliger Sünder in vernichtender Scham. Auf den Knieen anflehen möchte ich diese Leute, daß sie mich todtschlagen oder doch in Fesseln fortschleppen. Pust, geh hinaus und sage ihr, ich sei hier ein Gefangener und könne sie nicht sehen."

„Weißt Du, Jürg," sagte Pust bedächtig, „thu mir den Gefallen und sag' ihr das lieber selbst; mir glaubt sie's doch nicht. Das Luder lügt: so sagten ja sogar schon diese unschuldigen Würmer."

„Du hast Recht," versetzte Jürg, „ich will nicht feige sein; ich will sie hören. Ich will auch dies Elend erschöpfen; dann bin ich wenigstens sicher: einen tieferen Abgrund giebt es nicht mehr."

Er ließ Pusten los, der ihm verdrießlich und

kopfschüttelnd nachblickte, und trat an den Diener heran.

„Führe diese Leute hinaus und laß die Damen herein," sagte er leise, „und dann ist sofort noch etwas Weiteres zu besorgen. Alle Knechte und Mägde müssen an die Arbeit. Erst schafft ihr alles Lebendige aus dem Hause, alles Vieh, auch das kleinste. Dann wird in den Zimmern Stroh und Heu aufgehäuft und alles dürre Reisig, das wir vor= räthig haben."

„Mein Gott, Herr Wichenhagen," stammelte jäh erbleichend der Diener, „man könnte ja rein denken —"

„Wehe Dir, wenn Du denkst oder sonst Einer von euch!" fuhr Jürg ihn wild aufbrausend an, „zum Denken seid ihr hier nicht angestellt, sondern zum Handeln. Wer nicht lautlos und pünktlich ge= horcht, den schlage ich zu Boden. Das merk' Dir und sag' es den Andern. Und nun fort ans Werk!"

Mit schlotternden Knieen wich der Diener zurück und stand eines letzten Winkes wartend an der Thür.

Jürg wandte sich zu den Bürgern.

„Leute," rief er, „ich will Euch jetzt sagen, warum ich den Aufschub brauche. Draußen steht eine Frau, mit der ich gern erst reden möchte; ich habe sie nicht gesehen seit meiner Hochzeit — und das war vor ein paar Wochen; es ist nämlich meine Frau: und da könntet Ihr mir das gönnen."

Die Bürger schwiegen etwas überrascht und nachdenkend eine kurze Weile; dann trat Bolbewan vor und sagte gutmüthig:

„Na ja, Herr Wichenhagen, das ist 'ne Sache, da kann man nichts zu sagen. So was ist menschlich. Und ausreißen können Sie nicht. 'Ne Stunde wollen wir warten, aber länger geht's wirklich nicht."

„Eine Stunde genau," sprach Jürg mit Bestimmtheit, „oder vielleicht noch weniger, aber keine Minute darüber."

„Rechts um Kehrt!" kommandirte Bolbewan, und die Bürger schwenkten ab nach der Thüre.

Neunundreißigstes Kapitel.

Die beiden Frauen traten in Wichenhagens Zimmer. Margarethens muntre Augen brannten vor Neugier, Ursula hing zitternd an ihrem Arm.

Jürg eilte ihnen entgegen, verbeugte sich vor Ursula tief und ein wenig feierlich, küßte Margarethens Hand und sprach mit freundlicher Bestimmtheit:

"Ich freue mich, Sie hier zu begrüßen, liebe Frau Bernhagen. Schon um meines Freundes Puft willen: der hat ein Anliegen an Sie, ein sehr gewichtiges, ein ganz besonderes, wie er behauptet; mir will er's nicht verrathen: also bleibt nichts übrig, als daß Sie im Nebenzimmer, oder wo Sie sonst wünschen, den Fall bereden; denn der Mensch läßt nicht locker."

Margarethe stand einen Augenblick verdutzt und dann etwas verdrießlich; doch bald gefaßt gab sie ihm einen lustigen Schlag auf den Arm und sagte lachend:

"Konnten Sie mir denn nicht wenigstens einen schöneren Partner bestimmen? Auf den kann ich ja nicht mal meinen Mann eiferſüchtig machen, und das wäre doch immer noch ein Vergnügen, wenn auch nur ein kleines. — Es hilft nichts, Kind", ſagte ſie ſchalkhaft tröſtend zu Urſula, „Gewalt mag ich nicht abwarten. Und Du mußt eben Deinem Ehemanne gehorchen, wie es leider geſchrieben ſteht: Und er ſoll Dein Herr ſein."

Urſula verſuchte tief verwirrt ſie dennoch zurück=
zuhalten; allein jene entſchlüpfte, hing an Puſtens Arm und zog ihn ins Nebenzimmer.

Urſula blickte ſich angſtvoll nach Flucht oder einer Hülfe um; doch Jürg ſchob ihr mit ruhiger Höflichkeit einen Lehnſeſſel hin und winkte ihr feſt und gemeſſen, dort Platz zu nehmen.

Sie faßte alle ihre Kraft zuſammen und ließ ſich nieder. Er ſetzte ſich in einiger Entfernung ihr gegenüber.

Sie bebte wie ein Eſpenlaub; auch ihn über=
mannte eine merkliche Schwäche. Beider Blicke ver=
mieden einander in zagender Scheu und hafteten am Boden; ein ſchwer beklemmendes Schweigen lag auf ihnen wie eine erſtickende Luft mit unlösbarem Drucke. Das gleichmäßige Summen des Menſchen=
treibens auf dem Markte draußen brachte keine Er=
löſung von der laſtenden Stille.

Da ward vom Walle her ein ſtarker Kanonen=
ſchlag vernehmbar; der bewirkte bei beiden eine

erste Regung, ein Aufathmen, ein scheues Herumblicken; das umschnürende Netz der Dumpfheit begann sich zu lockern.

„Ich bitte um Verzeihung, daß ich hier einen Zwang übte", vermochte Jürg zu sagen, wenn auch mit sehr unfreier Stimme und ohne den Blick zu erheben, „allein es ist im Leben wahrscheinlich das letzte Mal, jedenfalls aber das erste Mal, daß wir einander ohne Zeugen gegenübertreten; es könnte doch sein, daß wir uns etwas zu sagen hätten, das nicht Jedermann zu hören braucht, sei es nun Gutes oder Feindliches."

Der Ton seiner Stimme erlöste auch Ursula von der schrecklichen Lähmung.

„Ich bin nur hergekommen", sprach sie laut und hastig, „um das Leben meines armen Vetters Barnim von Ihnen zu erbitten. Ich weiß zwar, ich habe kein Recht zu irgend einer Bitte —"

Sie stockte erröthend. Er aber vermochte jetzt zuerst einen Blick zu erheben und ihre Gestalt zu umfassen. Sie war in dunkeln Sammet gekleidet ohne Schmuck und ohne Spitzen; die zarte Frische ihrer Gesichtsfarben und die jugendliche Anmuth ihrer Glieder trat nur um so kräftiger hervor. Jürg erbebte in Wonne zugleich und in nachzuckendem Jammer.

„Sind Sie auch sicher", fragte er schnell, „ob

Ihre Fürbitte, grade Ihre, für diesen Herrn, eine nützliche Fürbitte ist?"

Es klang etwas Sonderbares in seiner Stimme, eine dumpfe Leidenschaft, eine Angst zugleich und eine heimliche Drohung. Seltsam betroffen schaute sie hastig zum ersten Mal auf und begegnete in scheuem Hinstreifen flüchtig seinem wirr fragenden Blicke. Da zog es über ihre Lippen wie der lose Schatten eines Lächelns und selbst einer Schalkheit.

„Ich hoffte das doch", sagte sie sehr leise, aber mit klarer Betonung. „Sie würden etwas für ihn thun können — er ist ja so ungefährlich."

„Ist er das wirklich?" rief Jürg seltsam aufzuckend. „Der schöne Barnim?"

„Ja", sagte sie kühl. „Viele nennen ihn so, und er ist auch sehr gut und brav. Aber er ist gar nicht gefährlich — auch nicht für die Bürgerschaft."

Jürg hing an ihren Lippen; er entdeckte jetzt wirklich jenen Hauch von Schalkheit; er machte eine jähe Bewegung, als wollte er aufspringen und sich ihr zu Füßen werfen. Doch bezwang er sich schnell und saß eine kurze Weile in sich versunken. „Auch — auch —" flüsterte er hörbar. Dann lächelte auch er, aber um Vieles kräftiger.

„Und wenn ich nun dennoch den Herrn nicht leiden könnte — und ich hätte ihn um deswillen, weil ich mich etwa vor mir selber fürchtete, schon lange in Freiheit gesetzt: was würden Sie dann sagen?"

Ursula sah ihm in hellem Erstaunen voll ins Gesicht. „Ist das die Wahrheit?" fragte sie unsicher.

„Ja", versetzte er ruhig, „ich habe ihn heimlich bei Nacht übers Wasser geschickt, er ist längst nicht mehr hier, weder in diesem Hause noch auch in der Stadt. Ihre Fürbitte kommt zu spät."

Ursula zeigte ein wunderliches Erschrecken.

„So bin ich umsonst hierher gekommen", murmelte sie verwirrt.

Seine Miene verdüsterte sich.

„Umsonst —" sagte er langsam, „ja wohl, umsonst: es sei denn, Sie wären auch gekommen, um fürs Leben Abschied zu nehmen und gewisse letzte Dinge mit mir zu besprechen."

Sie verwirrte sich jählings aufs Neue; sie vermochte die Augen nicht mehr zu erheben, und ihre Stimme versagte. So saß sie in aller Hülflosigkeit wie ein verängstigtes Kind.

Jürg sah sie so und ermuthigte sich.

„Ursula", sprach er mit erhobener Stimme, „warum sind Sie hier in der Stadt? Warum dies räthselhafte Verstecken? Warum retteten Sie sich nicht mit Ihren Eltern aus diesem gräßlichen

Bombengewitter? War das nur, um die Last meiner Sorgen noch zu vermehren? Glauben Sie nicht, daß die so schon groß genug ist? O wenn Sie ahnten, wie ich zermalmt bin von dem Felsengewicht dieser ungeheuren Verantwortung, wie schaudervoll all dies vergossene Blut gegen mich aufschreit, Sie hätten nicht auch noch dieses Allerschwerste mir aufgebürdet, daß ich auch für Ihr Leben erzittern muß vor meinem Gewissen. Ursula, ich bitte Sie, ich befehle: fliehen Sie aus der Stadt — ich vermag diese letzte Qual nicht länger zu ertragen."

Ursula blickte mit einem schüchternen Mitleid zu ihm herüber.

„Ich verstehe das alles", sagte sie leise, aber fest, ohne seinem Blicke wieder auszuweichen, „und ich begreife auch, daß Sie es niemals ertragen könnten ohne Ihren großen Gedanken, Ihren stolzen Zweck."

Er zuckte schmerzlich zusammen und senkte müde die Stirn.

„Was wissen Sie von meinen Gedanken?" fragte er bitter. „Was reden Sie von einem Zwecke, den Gott im Himmel vielleicht kennen mag oder auch der Geist in der Hölle, auf Erden aber Niemand — am wenigsten aber der, den es am nächsten angeht."

„Ich kenne den Gedanken", versetzte sie muthig und freudig, „und ich kann ihn verstehen."

Jürg blickte unsicher auf. Dann schlug er sich heftig mit der Hand vor die Stirn.

„Ja so", sprach er mit schneidender Stimme, „diese guten Spießbürger begriffen ihn ja auch. Und er ist so einfach: ich will die Stadt entvölkern, damit die Berliner sich hier an der grünen Oder ein neues Nest bauen können; ihr öder Sand gefällt ihnen nicht mehr."

Ursula richtete sich plötzlich höher empor.

„Sie haben kein Recht, mich so zu verspotten", rief sie stolz und ganz zornig, „wenn ein armes Mädchen nicht gleich so Hohes begriff, so sollte ein Mann sie belehren, aber nicht darum verachten. Sie haben nicht recht an mir gehandelt, indem Sie mit verächtlichem Schweigen sich in sich zurückzogen: ich will es Ihnen vergelten, indem ich Sie beschäme. Was Sie mir verbargen und was kein Anderer entdecken konnte, das habe ich ergründet aus eigener Kraft. Das ist mein Stolz, und für Sie ist's eine Beschämung: ich bedarf Ihrer Hülfe nicht, Sie zu verstehen."

Er blickte ihr starr und staunend ins Gesicht; ihre flammenden Blicke verwirrten und erschütterten ihn.

„Nun, so sagen Sie, was Sie wissen", rief er verzweifelnd.

Ihre Haltung wandelte sich auf einmal; sie saß in sich gebückt, legte die Hände ineinander und schlug die Blicke zu Boden. So begann sie schüchtern und fast demüthig zu reden, anfänglich in einem Tone, wie ein furchtsames Schulmädchen seinen gelernten Spruch hersagt, allmählich erst freier und kühner:

„Sie haben oft gesagt, Sie verehren den Kurfürsten von Herzen, und also wünschen Sie ihn doch gewißlich wie wir alle zum Herrn unserer Stadt. Sie fragten sich aber von Anfang, als der Kurfürst heranzog: Was ist unsere Stadt, deren der Kurfürst begehrt? Sind es die Häuser und Straßen, die Steine und Balken? Nein; dergleichen kann er sich jederzeit schaffen und bauen überall nach Belieben; er ist reich genug: sondern die Stadt, die er nicht schaffen kann und die er deshalb sich erobern muß, das ist die Bürgerschaft, die in den Häusern wohnt. Wackere und getreue Unterthanen will er haben, denn die kann er sich nicht kaufen noch herstellen lassen mit all seinem Gelde. Er will Unterthanen haben, wie er sie daheim hat in seinem Brandenburg. Wie die sind, das habe ich selbst erfahren, als ich in Berlin war vor zwei Jahren, da die Schweden im Lande hausten. Da thaten sich die

Bauern aus freien Stücken zu bewaffneten Rotten zusammen und schrieben auf ihre Fahnen:

> Wir sind Bauern von geringem Gut
> Und dienen unserm gnädigsten Kurfürsten und Herrn
> mit unserm Blut,

und so kämpften sie tapfer gegen den Feind im Lande.

Solche Leute will er haben. So waren aber unsere Stettinischen Bürger nicht, als die Belagerung anfing, das sahen Sie wohl: die waren kleinmüthig und zerfahren, zuchtlos und feige, alle gleich, die Zünfte wie die Kaufmannschaft. Die waren nicht werth, des Großen Kurfürsten Unterthanen zu heißen. Darum hatten Sie beschlossen, ein besseres Volk aus ihnen zu schaffen, wie er es sich denkt. Das aber konnten sie nimmermehr werden ohne Kampf und Blut; darum lehrten Sie die Bürger feststehen und sich wehren. Was kann es da besagen, wenn unsere Häuser in Schutt liegen? Sie wollen eine Perle schenken: die kann nicht ans Licht kommen, ehe die Muschelschale zertrümmert ist. Wehrhafte Treue heißt Ihre Perle. Und was will es sagen, wenn auch Hunderte von Bürgern zu Tode kommen? Sie sind eines schönen und rühmlichen Todes gestorben, und wenn auch die Hälfte nur lebend bliebe, so ist diese Hälfte erst zehnmal mehr werth, als das Ganze zuvor gewesen. Mit jedem Todten steigt nur der Werth der Lebenden.

Das ist die Gabe, die Sie dem Kurfürsten zugedacht haben: eine Bürgerschaft, die in Noth gestählt ward und im Feuer geschmiedet, soll seinem Throne nahen, ein Volk von Siegern in aller Niederlage. Und er wird groß genug sein, Sie schnell zu begreifen."

So sagte Ursula mit ruhigem Ernst und treuherziger Sicherheit.

Jürg hörte regungslos zu mit fernblickenden Augen wie einem wunderbaren Glockenläuten.

Als sie nun geendet, preßte er die Armlehnen seines Sessels so gewaltsam mit den Händen zusammen, daß sie beide zerbrachen; dann ging er noch zögernd auf Ursula zu; doch nun sank er ihr zu Füßen und drückte stumm sein Gesicht in ihre zitternden Hände. Sie neigte sich leise vornüber, und ruhige Thränen tropften auf seinen Scheitel.

So kniete er lange; nur ein stilles Zucken erschütterte seine Glieder.

Endlich wagte sie es zu flüstern: „Hab' ich nicht Recht gehabt?"

Da küßte er ihre Hände mit leidenschaftlicher Gluth; das war noch immer seine einzige Antwort. Sie entzog ihm die Hände und drückte sie mit leiser Zärtlichkeit gegen seine Schläfe.

„Und durfte ich in der Stadt bleiben?" flüsterte sie weiter, „bin ich dessen noch unwerth?"

Jetzt endlich hob er zögernd die Augen zu ihr auf.

„Ursula," sagte er, „mich hast Du Deiner werth gemacht, mich Deiner, mit diesen wenigen Worten. Du ahnst nicht, aus welchem Abgrund Du mich gerissen hast und zu welcher Höhe.".

„Nun verstehe ich schon wieder nicht," entgegnete sie mit einem Lächeln voll süßer Schelmerei, „nun muß ich schon wieder grübeln und mühsam erst begreifen lernen."

„Du mühsam begreifen?" rief er feurig, „Du, die mir den Weg mit strahlendem Licht erleuchtet, den ich blindlings im Dunkeln schritt! Du, die mich entdeckte, der sich selbst verloren hatte! Was ich jäh begonnen in dunkelm Triebe und umschleierter Ahnung, Du lehrst es mich weiterführen in besonnener Klarheit. Du giebst mich mir selbst zurück; ich kann wieder glauben an den raschen Drang meines Willens; ich kann wieder handeln. Ich kann wieder rufen: Herdurch mit Freuden! Ich bin wieder ein Glücklicher. Und dann noch über Allem: eine Perle darf ich verschenken; solch Schenken ist ein herrliches Mannesglück: aber eine lieblichere Perle schenkt sich mir selber — o großer Kurfürst, ich beneide Dich nicht mehr, auch nicht um Deine Größe!"

Wieder küßte er ihre Hände in heißem Entzücken. Und dann blickte er stumm zu ihr auf und sättigte seine Blicke im Anschauen ihrer blühenden Schönheit.

Sie saß ein wenig träumerisch, und ihre Augen schienen leise suchend ins Ferne zu irren.

„Zürnst Du mir noch, Geliebte," fragte er mit abbittendem Ton, „was ich Dir Böses gethan habe?"

„Ich möchte wohl gern," versetzte sie mit anmuthigem Schmollen, „aber ich kann nicht."

Glückselig starrte er nun weiter zu ihr auf. Aber ihr Schmollen ward merklicher, ihre Augen blickten finsterer und irrten unruhiger umher; ihre Lippen schürzten sich und zuckten leise.

„Du hast noch etwas gegen mich auf dem Herzen?" flüsterte er in zärtlichem Bangen.

„Nein," entgegnete sie kurz.

Aber sie schmollte weiter. Sie schien zerstreut, in unklares Sinnen verloren.

„Dir fehlt etwas —" drängte er nochmals.

„Mir?" rief sie mit trotzigem Wundern, „was soll mir fehlen? Bloß — ich muß jetzt gehen," setzte sie plötzlich hinzu, schob ihn kräftig genug von sich und sprang auf die Füße.

Er erschrak ernstlich, legte gewaltsam den Arm um ihren Leib, sie zurückzuhalten, und suchte ihren Blick. Er fand ihn endlich, so sehr sie ihm aus-

wich; und er fand ein sonderbares Flackern und
Flimmern in diesem Blicke. Da verstand er endlich
und suchte endlich ihren Mund und fand ihn. Zwar
sträubte sie sich heftig, doch er wußte sie zu zwingen.

„Und Du bist doch der schlimme Wichenhagen!"
rief sie sich ihm entwindend, als ihr unter seinen
Küssen der Athem zu vergehen drohte. Aber sogleich
legte sie sanft die Arme um seinen Hals und flüsterte
ihm ins Ohr: „Aber der liebe Jürg!"

Er erzielte nochmals eine Athemnoth; und dann
sagte er mit strahlendem Bicke:

„Du bleibst nun für ewig meine Gefangne in
diesem Hause — meine Kriegsgefangene."

Doch plötzlich erschrak er, und ernst und dumpf
fügte er hinzu:

„In diesem Hause nicht — auch dies ist eine
Muschelschale, die zerbrochen werden muß, daß die
Perle zu Tage komme."

Sie sah ihn verwundert und ängstlich an. „Ich
begreife wieder nicht —" stammelte sie leise erröthend;
aber dann legte sie still den Kopf an seine Schulter
und hauchte ergeben:

„Ich bin es müde, noch mehr zu begreifen."

„Du wirst es bald erfahren," sprach er in
trüber Entschlossenheit, führte sie langsam ans Fenster
und ließ sie hinausblicken.

„Sieh, drüben ist die Schmiede meines Groß=

vaters," sagte er ruhig, „ein bescheidenes Häuschen, und halb in Trümmern; aber wir werden dort wohnen müssen, bis der Kurfürst einzieht."

„Ein allerliebstes Häuschen," sagte sie mit einem sehr schalkhaften Aufblick, „es hat mir zwei Wochen lang sehr wohl darin gefallen."

Staunend begriff er; eine neue heiße Umarmung war die Strafe ihrer Schalkheit.

„Nun so komm," sprach er dann wieder ernst, „die Leute dort unten erwarten mich zu einer ernsten Unterhandlung. Verweile Du inzwischen bei meinem Großvater; wenn ich mit ihnen fertig bin, hoffe ich ein Stündchen Dir gehören zu können, falls der schlimme Kurfürst uns nicht wieder stört."

„Ja," sagte sie mit lachendem Erröthen, „aber ich kann doch nicht wie eine arme Magd so ganz ohne Brautschatz kommen. Ein Bündelchen hab' ich immer, das muß ich erst holen. Es liegt bei meiner Freundin Margarethe; da wohnte ich zuletzt; ich bin so als unstäte Magd herumgezogen."

„Thu' nach Deinen Wünschen, Süße" sprach er sie nochmals küssend, „nur laß mich nicht warten."

„Ich glaube nicht, daß ich das übers Herz bringe," flüsterte sie mit einem schelmischen Seufzer, „so gern ich auch möchte."

Er nahm sie bei der Hand und führte sie der

Thüre zu. Hier that er einen letzten wehmüthigen Blick über das Zimmer hin.

„Hier hätten wir glücklich sein sollen!" murmelte er dumpf.

Sie bemerkte einen feuchten Schimmer in seinem Auge, drängte sich leise an ihn, küßte seine Hand und sagte zärtlich:

„Ich verstehe nicht, warum wir gehen müssen — aber glücklich will ich überall mit Dir werden."

Und nach einem neugierigen Rückblick in das Zimmer fügte sie ernsthaft hinzu:

„Schade nur, daß ich da nicht erst ein bißchen Ordnung schaffen kann; es sieht drin so wild aus."

„Es wird in einer Stunde noch wilder aus= sehen," versetzte er trübe, „— aber wo Du bist, wird Glanz und Ordnung für immer bei mir ein= ziehen."

Er legte den Arm um ihre Schulter und schritt entschlossen hinaus.

Vierzigstes Kapitel.

Die elf Abgeordneten der Bürgercompagnien warteten ihrem Versprechen gemäß auf dem Fisch= markt geduldig, daß die Stunde abliefe oder Wichen= hagen käme. Auf eine Bewachung seines Hauses verzichteten sie durchaus.

Es sammelte sich aber allmählich zu ihnen auch ein guter Theil der andern bewaffneten Bürgerschaft und half ihnen harren und ausschauen und sich in Vermuthungen über seine Antwort ergehen.

Der Zimmergesell Tewes Bagemöhl aber sagte spottend:

„Wartet Ihr man immer. Dazu gehört nichts weiter als Geduld und Dummheit; und das habt Ihr beides. Ganz besonders aber die Dummheit: hat das den Vogel in der Hand und läßt ihn wieder fliegen."

„Schafskopf," bemerkte Eickstädt, „Wichenhagen kann ja sonst wohl beinahe alles: aber fliegen sehen hab' ich ihn mein' Tag' noch nicht."

„Schafskopf, dann wirst Du's auch wohl heut nicht," gab Bagemöhl zurück, „und kriechen sehen wirst Du ihn auch nicht. Und doch wird er weg sein. Hat das den Maulwurf in der Falle und läßt ihm ein Loch drin offen!"

„Wenn das was heißen soll, denn sag' es deutlich."

„Heißen soll es, daß er 'nen unterirdischen Gang nach dem Schloß 'rauf hat. Darauf laß' ich mich hängen. Auf die Art steckt er ja immer mit dem Kommandanten zusammen; und der hat nu mal einen Narren an ihm gefressen und läßt uns nicht an ihn kommen."

„Quatsch!" versicherte Rehbanz.

„Nee, da kann wohl was dran sein," meinte Boldewan dagegen, „mit dem Gang, das glaub' ich; und daß er fliegen könnt', sollt' mich auch nicht so sehr wundern, meinetwegen auf 'ner Kanonenkugel: aber das thut heut alles beides garnichts zur Sache."

„So? Das ist ja merkwürdig," rief der Zimmergesell, „denn ist es Dir ja wohl ganz recht, wenn er auskratzt?"

„Der kratzt uns nicht aus," sagte Boldewan ruhig.

„So, Du hast es wohl schriftlich?" höhnte Tewes Bagemöhl.

„Nein, aber mündlich," sagte Boldewan kurz.

„So richtig," pflichtete Eickstädt ihm lebhaft bei. „Er hat's versprochen, und also bleibt er und kommt."

„Das ist so sicher wie's Vaterunser," bestätigte auch Rehdanz, „aber das kennst Du wohl nicht, Zimmergesell? Es ist auch so leicht nicht. Man muß schon was mehr gelernt haben als ungewaschene Redensarten."

„Dir ist wohl nicht ganz wohl von wegen Deiner Tochter," sagte Bagemöhl giftig, „daß ich da das 'rausfind', was nicht in Ordnung ist? Dazu werd' ich wohl nicht viel zu lernen brauchen: 'ner Aus= reißerfrau trau' Einer übern Weg."

Der Schuster fuhr wüthend auf ihn los und packte ihn an der Kehle. Doch Boldewan mischte sich darein, schob Rehdanzen sänftlich zurück und sagte gelassen:

„Laß man, ich werd' ihn hauen; das zieht besser an."

Und er that nach seinem Worte. Nach dieser Widerlegung seiner Ansichten entwich der Zimmerer schweigend in eine Nebengasse.

„Was meinte er mit Deiner Tochter?" fragte Böttcher Eickstädt.

„So'n elender Hund!" versetzte Rehdanz, „mein Dortchen, was nu die Wernicken ist, und die mit ihm draußen im Lager war, ist heut Nacht wieder= gekommen; warum, weiß ich nicht; was sie sagt, das glaub' ich nicht. Ich denk' aber, daß sie sich ein bißchen mit ihrem Manne gezankt hat, denn sie sind noch in den Flitterwochen, da nimmt man so was leicht ernst. Aber daß sie wiederkommt, kann man ihr doch höchstens zum Guten auslegen und nicht zum Schlimmen."

„Das ist die reine Wahrheit," meinte auch Boldewan, „und überhaupt Deinem Dortchen soll Keiner was nachsagen, außer daß sie mit Deinem Schuhzeug ein bißchen stark hinter der Bezahlung her ist. Aber dafür kann sie nicht, das ist ihr von Gott so ins Herz gelegt."

„Dahingegen dieser Lutz Wernicke selbst," sprach Eickstädt nachdrücklich, „wie der sich benommen hat, das ist doch keine Aufführung. Daß Einer die Böttcherei und die Schusterei als sein Gewerbe treibt und dabei fleißig ist, das ist in Ordnung, dafür haben wir diese Zünfte: aber für die Ausreißerei muß 'ne Zunft doch erst begründet werden."

„Ich kann's auch nicht richtig finden", bekannte Rehbanz etwas niedergeschlagen, „und ich hab' selbst schon was fallen lassen von 'nem gelernten Ausreißer. Aber wenn mein Dortchen dabei ist, thu ich's nicht wieder; sonst treibt die noch den Vatermord als ein Gewerbe."

„Na, und wenn sie dann 'ne Zunft gründet, dann gnad' uns Gott!" lachte Schiffer Bollhagen.

„Ober wollt Ihr Knochenhauer sie vielleicht bei Euch aufnehmen?" fragte er Bolbewanen.

Der schüttelte ernsthaft den Kopf. „Schäm' Dich mit solchen Redensarten. Mir ist überhaupt nicht so spaßig zu Muth. Ich hab' so was im Gefühl, daß der Wichenhagen uns heut bloß mal wieder gründlich den Kopf waschen wird; oder uns auslachen, wenn er guter Laune ist. Bloß von seiner guten Laune hat er längst nicht mehr viel. Aber ich glaub', wir sind heute zu hitzig gewesen mit unsern Redensarten und haben's nicht alles richtig überlegt. Wer weiß, wie sich das verhält mit ihm und ob er uns nicht klar ausweist, daß wir rechte Esel gewesen sind."

„Ich glaub's auch kaum mehr anders", meinte Eickstädt mit bedenklicher Miene, „man soll sich vorsehen mit solchem Mann. Der hat mehr Gedanken im Kopf als Unsereiner, und da kommt man nicht so leicht immer dahinter, wie die unter sich zusammenhängen. Und nachher hängen sie doch zusammen, und wir sind die Dummen gewesen."

„Na, jetzt müssen wir's abwarten", sagte Boldewan seufzend, „und müssen sachte ausfressen, was wir uns eingebrockt haben. Ich kann's garnicht anders denken, als daß der Wichenhagen es alle Zeit ehrlich mit uns gemeint hat."

„Ich hab's nie anders gedacht", rief Schuster Rehbanz.

„Eigentlich ich auch nicht", sprach Zacharias Fleck.

„Aber nu sag' mir ein Mensch", rief plötzlich Eickstädt, auf Wichenhagens Haus deutend, „was schleppen die bloß nu alles da 'raus? Das ist ja all sein Viehzeug. Will er ein Schlachtfest geben? Aber wir Stettiner fressen doch kein Pferdefleisch!"

In der That sah man, wie von den Knechten nach einander die Pferde, zwei Kühe und eine Anzahl Ziegen, Schafe und Schweine aus dem Thorweg ins Freie geführt wurden; selbst einige Kaninchen trugen sie an den Ohren heraus und ließen sie laufen.

„Hoiho, freie Karnickeljagd!" schrie Tischler Wittkopp's Lehrling, fing an die Thiere zu hetzen und fand bald Mitschuldige. Die allgemeine Stimmung ward wieder fröhlicher. Doch nur für kurze Zeit; denn bald darauf erschien in der Hausthür der Rektor Bambamius und verursachte ein weites Erschrecken und Verstummen.

In Würde schritt er die Stufen hinab; in einem scheuen Halbkreise hinter ihm herwandelnd folgten ihm seine Schüler. Mit einem bangen Staunen sah man diesen Zug über den Marktplatz wallen und in der Nähe der Schmiede Halt machen.

„Jetzt wird es ängstlich", flüsterte Boldewan.

Der Rektor selbst aber war von nicht minderem Staunen und noch viel größerem Schrecken befallen; doch die Gegenwart der Schüler hinderte ihn, solchen Gefühlen irgend welchen Ausdruck zu verleihen. Er stand schweigend und forschte sorgend umher.

Auf einmal entrang sich ihm ein Schrei der höchsten Ueberraschung und neuen Entsetzens: ein Offizier in kurfürstlicher Montur kam grade auf ihn zugeschritten und begrüßte ihn mit freundschaftlicher Hochachtung.

„Großer Gott im Himmel!" rief Bambamius schaudernd. „Konrad Beienburg! Herr Beienburg! Sie hier am hellen Tage! Reden Sie nicht zu mir! Ich bin ein verlorener Mann, alle Welt kann uns sehen."

Beienburg lächelte wehmüthig und blieb in einer kleinen Entfernung stehen.

„Fürchten Sie nichts, Herr Rektor", sagte er, ohne einen Verdruß zu zeigen, „nicht der feindliche Offizier redet zu Ihnen, sondern Ihr einstiger Schüler. Ich bin hier kriegsgefangen; mein Ehrenwort schützt nicht allein mich, sondern auch Sie vor jedem Verdacht. Jedermann darf frei mit mir sprechen — leider thut es fast Keiner!" fügte er seufzend hinzu.

Der Rektor that einige tiefe Athemzüge und

gewann Kraft, sich zu beruhigen. Plötzlich warf er einen wüthenden Blick nach hinten herum auf seine Schüler.

„Tretet zurück, ihr Jünglinge!" herrschte er sie rauh an, „es ziemt sich nicht, daß eure unerfahrenen Ohren die Gespräche der Männer belauschen."

Sie prallten unverzüglich nach allen Seiten auseinander.

Jetzt endlich streckte Bambamius Jenem schüchtern die Hand entgegen.

„Gott zum Gruß denn", sprach er feierlich, „in der alten Heimath."

„Der erste Willkommruf, der mir hier entgegenschallt", versetzte Beienburg mit feuchtem Blicke. „O werther Herr Rektor, welch eine trostlose Heimkehr! Schuttmassen und grausige Trümmer starren mir überall anklagend entgegen; von dem Hause meiner Eltern ragen noch Reste verkohlter Wände; neu aufwachsend nur zahllose frische Gräber, darunter eines — nein, darüber lassen Sie mich schweigen! — Und fremd und finster gleich jenen veröbeten Steinen starren auch die Menschen mir alle ins Gesicht, zum wenigsten alle, die meines Blutes und meiner Sprache sind: Achtung und Mitleid zollen mir allein die Fremden, die Schweden. O, das ist namenlos schwer zu ertragen! Das heißt eine Heimath!"

„Ich bedaure Sie von Herzen", sagte der Rektor in großer Bewegung, „gleichwohl haben Sie einen Trost: Ihr gutes Gewissen —"

„Als ein Ruhekissen hat es sich übel bewährt", fiel Beienburg schmerzlich ein. „Meine Ruhe muß ich anderswo suchen; aber selbst diese zu finden habe ich jetzt wenig Hoffnung mehr. — Und dennoch", fuhr er nach einer schwermüthigen Pause in kräftigem Tone fort, „und dennoch tausche ich nicht mit ihm, dem einst von mir vielbeneideten, den ich einst Herzensfreund nannte und jetzt mit Kummer fast verleugnen möchte, der jetzt vielleicht noch sein Herz mühsam abdämmt gegen die Hochfluth des Fluches, die dennoch über ihn unwiderstehlich hereinbricht. Je länger er sich sträubt, desto schrecklicher muß ihn der Fluch des deutschen Vaterlandes treffen; er irre sich nicht, das läßt sich nicht spotten. Am schrecklichsten, wenn es ihm gelänge, die Absicht des Kurfürsten wirklich zu durchkreuzen: doch das wird freilich nicht sein, so viel Erbarmen wird das Schicksal mit ihm haben. Ich aber will ihm noch einmal meinen Coriolanruf in die Seele schmettern; ich stehe hier und harre sein; vielleicht, daß er ihn dennoch endlich erweckt, wie der stätig fallende Tropfen den harten Stein höhlt."

„Gott möge ihn erleuchten!" seufzte der Rektor. „Und vielleicht, ja, vielleicht mögen Sie heut die richtige Stunde getroffen haben, in seines Busens Innerstes zu bringen. Es geht etwas vor; ich erkenne nicht, was, aber ich wittere es in den Lüften, wie man oft bei stillem Wetter einen Gewittersturm vorausfühlt. Ich aber fühle den nahen Sturm schon an meinem Leibe: bin ich doch mit diesen meinen Schülern soeben schmählich aus jenem Hause vertrieben, gleichwie die Magd Hagar mit ihrem Söhnlein Ismael hinausgestoßen ward in die Wüste und schier daselbst verschmachtete. Wir hausten bisher darinnen in schöner Sicherheit — denn auch mein Haus ist zerstört, Herr Beienburg, und der Tempel der Weisheit, darin ich sonst meines Amtes pflog. Ja, gleichwie geschrieben steht im Hohenliede „Fanget uns die Füchse, die kleinen Füchse, die unsern Weinberg verderben", so kamen zwar nicht Füchslein, aber große brüllende Löwen mit feurigem Rachen und zerschlugen mir die Mauer, die einst die Braut war des Morgenstrahls, und rissen meine Weinstöcke mit den Wurzeln aus dem Mutterschoße der Erde, und öde ward die Stätte, die einst meine Freude trug."

„Sehen Sie, dort!" unterbrach hier Beienburg seine Klagerede, „zwei schöne Frauen treten aus dem Hause Wichenhagens — ei, die eine ist Ihre muntre Tochter, ich erkenne sie wohl; dagegen die andre will mir nicht bekannt erscheinen."

„Das ist die junge Hogenholt, Wichenhagens Braut oder Gattin, wie man das nun nehmen will."

„Der Vielbeneidenswerthe!" sagte Beienburg still. „Welch ein entzückendes Geschöpf! Sie scheint aus Kraft und Anmuth und Frische zusammengefügt. Nun aber will mich bedünken, eine Tochter aus dem Hause Hogenholt könnte doch einen besseren Einfluß auf ihn üben —"

„Das sollte sie auch", versetzte Bambamius schnell, „so war unsere Rechnung. Indessen gutes Werk gedeiht langsam — manchmal erst, wenn es zu spät ist. Mich aber weht jetzt etwas wie Hoffnung an aus dem wonnestrahlenden Gesicht dieses jungen Weibes: sehen Sie nur, sie will ernst einherschreiten und vermag. doch ein glückseliges Lächeln garnicht zu verbergen; zu wissen ist nämlich: sie ging zu ihm vor Kurzem, ihm ihre erste Gardinenpredigt zu halten; nach allem Anschein hat sie guten Erfolg gehabt; das bedeutet für uns Hoffnung. — Dagegen der Mensch, der sie begleitet, ihnen Bahn bricht durch die Menge, will mir durchaus nicht gefallen. Das ist der Schiffer Pust, ein Vater der Lüge von Anbeginn und stets, wie ich fürchte, Wichenhagens böser Dämon, ein Mensch, dem Ehre und Gewissen nur ein Spielzeug blindwüthender Launen ist — still, um Gotteswillen! Er könnte uns hören."

„Oho, alter Tobias, komm doch mal 'raus!" schrie jetzt Pustens Stimme. „Aber schnell, hier sind ein Paar hübsche Frauen zu sehen. Und die wünschen was von Dir."

Der Grobschmied erschien auf der Schwelle seines von den Kugeln arg mitgenommenen Hauses. Mit einem freudigen Lächeln begrüßte er die Damen.

„Nimm sie ein bißchen in Deinen Schutz: ich bin hier nämlich ein Gefangener", sagte Pust grinsend, „der Fischmarkt ist mein Käfig; dadrin darf ich 'rumhopsen, aber rundum sind Eisenstäbe, sehr fein geschmiedete, Tobias, alle obenauf mit 'nem runden Kopf und 'nem schafsdämlichen Gesicht dadran."

„Leute, riecht das hier nicht brenzlig?" rief auf einmal Böltchen Eickstädt. Viele Nasen reckten sich witternd in die Lüfte.

„Ja wahrhaftig, es riecht brenzlig", antworteten mehrere Stimmen.

„Es muß wieder wo brennen."

„Es riecht sogar sehr brenzlig."

„Aber es ist heut den ganzen Tag noch keine Bombe und keine Brandkugel gefallen."

„Ganz gleich, es riecht doch."

„Dann hat sich noch 'ne Kugel von der Nacht her irgendwo versteckt gehabt."

Die Unruhe wuchs. Man spähte eifrig nach allen Seiten.

Plötzlich kam aus Wichenhagens Hausthür eine Anzahl Diener sehr eilig hervorgestürzt; jeder trug ein großes Strohbündel auf dem Rücken und warf das auf dem Fußboden der Vortreppe nieder. Alle waren bleich und in großer Erregung, einer von Thränen überströmt.

Gleich hinter ihnen trat Jürg selber heraus. Er trug eine brennende Kienfackel hoch in der Rechten, schwenkte sie ruhig einmal im Kreise wie zur Begrüßung und warf sie dann von sich mitten in den hohen Strohhaufen hinein, der sofort mächtig auflohte.

Ein ungeheurer Aufschrei des Entsetzens gellte aus der erschütterten Menge.

Fast gleichzeitig wurden jetzt im Innern des ersten Stockwerkes aufzuckende Gluthmassen sichtbar. Mehrere Fensterscheiben zersprangen, und lockere Rauchsäulen schossen stoßweise heraus.

Ein staunendes, schauerndes Summen und Heulen erscholl über den ganzen Marktplatz; doch blieb Alles stehen in regungsloser Erstarrung.

Jürg Wichenhagen stieg jetzt seine Treppe hinab und schritt gelassen quer durch das Gedränge der Bürger, die zu beiden Seiten scheu vor ihm zurück= stoben wie vor einem Gespenste.

Er ging bis zur nächsten Fischbank, schwang sich da hinauf und blickte von dieser steinernen Er=

höhung her mit gekreuzten Armen über die Menge hinweg in die aufprasselnde Flammengluth.

Die Bürger standen gebuckt und lautlos wie unter einem schauerlichen Banne. Niemand dachte ans Löschen, Alles starrte wie verzaubert auf den einen Mann, kaum noch einer auf das brennende Gebäude.

Jetzt begann Jürg zu reden:

„Ist noch unter Euch Einer, der da glaubt, ich hätte mit Absicht mein Haus von den feindlichen Kugeln verschonen lassen?"

Er ließ seinen Blick mit stolzer Frage über die Menge schweifen von Antlitz zu Antlitz. Aller Augen senkten sich nieder, und Keiner brach das Schweigen.

Mit ruhigem Griffe zog Jürg jetzt eine große Reiterpistole hervor und hielt sie ihnen vor Augen.

„Mit diesem Dinge hier," rief er scharfen Tones, „hätte ich den Ersten zu Boden gestreckt, der es wagte, in meinem Hause die Hand an mich zu legen. Jetzt aber will ich einen besseren Schuß thun."

Er erhob die Pistole und schoß die Kugel dicht über die Köpfe der erschrockenen Bürger hin in die wogende Flamme seines Hauses.

„Mit dieser Kugel schoß ich den traurigen Argwohn in Euch nieder," rief er blitzenden Auges, „und alle Elendigkeit und schwankende Feigheit mit ihm zugleich. Fortan sollt Ihr Männer sein von Ehre und Stolz und Männer auch von muthigem Glauben. Und diesen Männern will ich etwas offenbaren, das Ihr bisher noch nicht gewußt habt, weil Ihr nicht werth waret es zu wissen. Heut aber habt Ihr mir trotz jenes schnöden Argwohns, der nun todt ist und den ich drum gern verzeihe, dennoch gezeigt, daß auf Euch Verlaß ist, daß Ihr gesonnen seid, Euch ehren= haft gegen den Feind weiter zu schlagen auch ohne mich — wenn es sein muß, auch gegen mich. Das macht mich stolz und macht mich sicher, daß ich Euch Alles vertrauen kann.

Es hat Euch öfters stutzig gemacht, wenn ich freimüthig aussprach, daß ich den Kurfürsten von Brandenburg redlich hochhalte und verehre, ja, daß ich Einem von Euch, der auf ihn anlegte, das Gewehr aus der Hand schlug. Gut, ja doch — den Teufel noch mal, man schießt doch nicht auf seinen gnädigsten Landesherrn."

Ein Staunen und Erschrecken fuhr in die Reihen der Bürger; ein Murren und grollendes Widersprechen begann sich lauter und lauter zu regen. Dahinter quoll aus dem brennenden Hause der Rauch dichter und schwärzer, glutroth von innen durchstrahlt.

„Laßt brennen!" rief Jürg, als nun doch ängst= liche Blicke sich dorthin richteten, „das da ist meine Sache: was hier verhandelt wird, geht uns alle zu= gleich an.

Ihr wollt an den Landesherrn nicht glauben. Ja, wenn Ihr's nun aber müßt? Seid Ihr so sicher zu siegen? Ich nicht. Ein tapferer Mann hält auch seine Niederlage für möglich und faßt sie ernsthaft ins Auge. Niemand kennt die Zukunft. Der Kurfürst kann siegen, das bezweifelt kein Vernünftiger. Wenn er aber siegt, so wird er unser Landesherr, daran zweifelt erst recht Niemand. Dann aber wird er uns sehr ungnädig behandeln, wenn wir ihn vorher todtschießen.

Was? Nicht? Du lachst, Eickstädt? Ueberleg' dies richtig, so ist's die Wahrheit. Ein Herrscher stirbt nicht, wenn man ihn auch tödtet: Friedrich Wilhelm vom Hause Hohenzollern kann fallen: der Kurfürst von Brandenburg bleibt leben. Unser Bogislaw sank ins Grab und mit ihm sein ganzes Geschlecht; Pommerns Herzog aber lebt.

Habt Ihr's begriffen? Dann schießt nicht auf den Kurfürsten, auf daß er uns nicht sehr ungnädig werde!

Ich aber hoffe vielmehr auf einen recht gnädigen Herrn. Warum? Weil wir's verdienen. Weil wir unsern alten Herrn, der uns gesetzt war und der uns kein schlimmer Herr war, in der Noth nicht feige verlassen, sondern ihn tapfer vertheidigt haben als ehrliche Unterthanen. Daraus kann der Kurfürst abnehmen: wenn er selbst unser Herr ist, werden wir auch ihn so vertheidigen. Sonst würde er uns ja nicht über den Weg trauen können. Ein Hund, der dem ersten Herrn weglief, ist auch dem zweiten nicht treu; und ein Mensch erst recht nicht. Darum sag' ich: der Kurfürst muß uns desto gnädiger sein, je strammer wir uns gegen ihn wehren. Hätten wir uns damals ergeben, als die Beschießung anfing und Mancher wohl gern wollte: gnad' uns Gott! Wie die Hunde hätt' er uns behandelt. Denn er hätt' sich gesagt: solch' Lumpengesindel kann man nicht anders traktiren als mit der Peitsche. Und wenn wir heut ducken und übergehen, ist's auch noch nicht viel besser. Ich denke, das muß Euch doch klar sein.

Dahingegen wenn wir's durchhalten, wie Ihr selbst heut gesagt habt, so lange von den Wällen noch ein Stein auf dem andern steht: dann können wir getrost kurfürstlich werden; es wird uns gut gehen unter der neuen Herrschaft. Denn der Kurfürst wird aus unserm Benehmen gelernt haben und wird es sich merken: die Stettinischen sind Männer, die sich die Butter nicht vom Brot nehmen lassen, auch von keinem Fürsten und Könige, und die nicht gleich tanzen, wie Einer pfeift. Die Stettinischen haben eigene Meinung und Willen; man kann sie wohl zwingen, aber nur mit den Waffen in der Hand: und das ist keine Schande, sondern schafft Achtung auch bei dem Sieger.

Das ist immer gut, wenn einem Herrscher das ernstlich vor Augen tritt. Und zumal diese Herren vom Hause Hohenzollern und der jetzige am allermeisten haben, wie man erfährt, ein bißchen viel Neigung, den eignen raschen Willen allein zu befragen und die lieben Unterthanen hübsch kurz zu halten, wie ein gestrenger Vater seine unartigen Kinder. Wir aber haben ihm gezeigt und werden noch weiter zeigen, daß wir keine Kinder sind, sondern wehrhafte Männer: und mit solchen Männern geht man vorsichtig um und tappt nicht gleich fürwitzig in ihre Freiheiten und Privilegien und erst recht nicht in ihren Glauben.

So, jetzt wißt Ihr, wie ich mit dem Kurfürsten von Brandenburg stehe, warum ich ihn verehre und mich gegen ihn wehre. Und so werden wir's zusammen nun weiter machen. Ein Held wie der Kurfürst soll auch uns als Helden sehen und, wenn er uns kriegt, soll er Lust haben an seinen neuen Unterthanen und stolz auf uns sein und etwas mit uns machen können.

Das ist meine Meinung. Und ich wage jede Wette: die Eure ist nicht um ein haarbreit anders."

Er schwieg und blickte heiter im Kreise umher.

Einundvierzigstes Kapitel.

Ein tiefes Schweigen beherrschte eine Zeitlang die versammelten Bürger. Dann aber trat Schlächter Bolbewan langsam an Wichenhagen heran, wischte sich die Augen mit dem Handrücken und sagte verschämt:

„Herr Wichenhagen, so schön reden wie Sie kann ich nicht; aber wenn ich's könnte, würd' ich auf'n Knopf dasselbe gesagt haben wie Sie. Und jetzt sag' ich bloß: jeder Mensch kann seine Meinung haben, welche er will: aber wer jetzt noch 'ne andre hat als diese, dem hau' ich alle Knochen im Leibe entzwei. Und sei'n Sie nicht mehr böse; es war ja bloß Unsinn, was wir da erst gered't haben."

„Ich bin nicht böse, ich bin stolz auf Euch," rief Jürg freudig und schüttelte ihm die Hand.

Schweigsam und bescheiden drängten die andern Bürger dem Knochenhauer nach und reichten Wichenhagen in ernster Bewegung alle nacheinander die Hände hinauf zum Zeichen ihrer Zustimmung und als eine Bitte um Verzeihung.

Mit ihnen nahte auch Schiffer Pust, doch der nicht so ohne Worte.

„Jürg," sagte er, „das war mal wieder ganz was Vernünftiges, was Du da geredet hast, nach langer Zeit. Besser wär's ja, Du hätt'st es eher geredet und hätt'st die all den Unfug und das Jammertreiben vorher erspart; aber schließlich kommt 'ne Besserung niemals zu spät. Und sogar das mit dem Brandenburgischwerden; es ist ja 'ne Sache, die mir nicht so leicht 'runtergeht, ich hab' ein schlechtes Schluckwerk; aber am Ende — na, Du weißt schon, seit der Geschichte mit dem Füllen: denk' Dir, das kleine Viehchen frißt mir schon aus der Hand. Also ist es wohl möglich, daß ich Deinem Kurfürsten auch noch mal aus der Hand fresse. Bloß segeln muß er vorher noch ein bißchen lernen; ich will ihn meinetwegen ja gern 'ne Zeitlang in die Lehre nehmen; das schickt sich nicht anders für Einen, der in Pommern unser Herzog sein will."

Als er so geredet, vernahm man in einiger Entfernung ein klägliches Wehegeschrei. Es war Tischler Wittkopp's Lehrling, den dieser zerbläute und wüthend dazu schrie:

„Der Bengel hat neulich von Ergebung gered't und auf Wichenhagen geschimpft; er hat noch keine Prügel gekriegt, das muß nachgeholt werden."

Alle umstehenden Bürger billigten diese Maß=
nahme.

Jetzt aber schrie Eickstädt mit gewaltiger Stimme:

„Feurio! Alle Mann zum Löschen! Rettet Wichenhagen's Haus! An die Spritzen, was Hände und Beine hat! Feurio!"

Unverzüglich folgte eine große Anzahl der Bürger dem Aufrufe und zerstreute sich im Sturmlauf, die Löschgeräthe zu beschaffen.

Der Brand war inzwischen erschreckend vor= geschritten; mit grausiger Schnelligkeit wachsend, wälzte sich Wolke über Wolke des schwarzen Qualmes heraus und verfinsterte den Himmel. Schon zuckten auch hastige Flammen knisternd und fauchend ins Freie.

„Na nu," sagte Eickstädt, „da sind ja schon welche an der Arbeit mit der Spritze. Und weiß der Henker, mitten drunter der Stettiner Kaufmann, der bei den Kurfürstlichen dient. Na, ist nichts dagegen, wenn der auch endlich Vernunft annimmt."

Und er selbst machte sich eilends von bannen.

Jürg spähte dort hinüber und erkannte Beien= burg, der mit allen Kräften an einer Spritze pumpte.

Mit einem Sprunge war Jürg von der Fisch= bank und eilte über den Platz.

„Konrad! Lieber Konrad!" rief er Jenem schon von Weitem hinüber.

Beienburg kam ihm entgegen und fiel ihm tief aufschluchzend um den Hals. Es brauchte lange Zeit, bis er sich faßte und zu reden vermochte.

„Jürg," sagte er dann, noch in schwerer Erregung, „von Jugend auf habe ich Dich viel beneidet; doch nur einmal mit Bitterkeit: und das hatte ich überwunden. Jetzt aber steigt es mir zum andernmal herauf, noch schwerer, noch giftiger, herb wie Zorn und Haß: Du bist wieder der Sieger, Du hast mich wieder übertroffen, Du hast auch diesmal das bessere Theil erwählt. Heut kam ich mit Hochmuth im Herzen und hoffte Dich niederzuschmettern mit meinem stolzen Mahnruf: und nun haben Deine Worte mich selber ins Herz getroffen, mich in mir selbst fast vernichtet: Du bist der Kluge, der Große — ich bin Coriolan."

Mit stürmischer Zärtlichkeit drückte Jürg ihn an die Brust.

„Schweig, Konrad!" rief er, „Du warst immer der Edlere, der Zartere, die reine Seele, die still wägend mit heiligem Ernst ihren Pfad erwählte. Ich aber — wenn ich ja einmal auf meine Art das Richtige traf — so geschah es verdienstlos in blindem Zutappen. Und diesmal, Konrad, diesmal wahrlich hast Du keinen Grund zum Neide: Du ahnst nicht, welche Qualen es mich gekostet hat, ehe ich den Geist jener stolzen Worte in mir selbst entdeckte. Vielleicht bin ich mancher Sünde entsühnt durch das, was ich gelitten."

In stiller Ueberraschung blickte Beienburg ihn an.

„Du wunderbarer Mensch," sagte er leise, „immer noch kannte ich Dich nicht. Ich hielt Dich nur für einen Glücklichen. Du aber bist viel größer. Mein Neid ist besiegt: ich beginne Dich zu begreifen. — Jetzt aber laß mich wieder an meine Arbeit," setzte er tief aufathmend hinzu, „die erste seit vielen Wochen, die mir ernste Freude macht: ich kann endlich einmal Gutes wirken für meine Vaterstadt."

Er trat schnell wieder an die Spritze; doch ehe er Hand anlegen konnte, erklang Pusten's Stimme:

„Jürg, hier bringe ich Jemanden — und auch den Herrn Hauptmann geht das was an; der muß seinen Senf mit dazu geben. Na, nu rede, Dortchen."

„Dortchen Rehbanz!" rief Jürg mit Erstaunen, „nein, Dortchen Wernicke meine ich. Aber das ist eine Neuigkeit! Du wieder im Lande? Hat Dich der Kurfürst weggeschickt oder Dein Lutz? Oder hast Du diesen zum zweiten Mal klein gekriegt?"

Sie schüttelte kräftig den Kopf.

„Hat sich was mit dem Kleinkriegen! Die Zeiten sind vorüber. Wenn sich der Lutz was in den Kopf gesetzt hat, bringt's kein Teufel wieder 'raus, und nicht mal ich. Und jetzt sitzt ihm wieder ein neuer Floh im Ohr; und darum bin ich hier. 'Ne eklige Sache ist es, so bei Nacht und Duster durch die Vorposten zu schleichen, und wenn ich nicht Pustens

Pathenkind wär' und 'ne feine Witterung hätt', mußt' ich's auch wohl lassen. Und für einen Andern als meinen Lutz hätt' ich's auch so nicht gethan. Höchstens noch für unsern Herrn Hauptmann Beienburg; mein Gott, Herr Hauptmann, was sind wir betrübt, daß Sie nu hier gefangen sitzen! Und nein, Herr Wichenhagen, Ihr schönes Haus! Kaum daß man den Rücken wand't, passirt das größte Unglück. Herr, du meine Güte, es wird hier schon ganz heiß. Und wie die Funken fliegen!"

„Und was ist mit dem Lutz?" unterbrach Jürg sie ungeduldig.

„Ja, ich muß doch alles in vernünftiger Ordnung erzählen!" sprach Dortchen gekränkt, „also Lutz ist ganz kopfscheu, daß es mit der Stadt hier so erbärmlich schlecht steht. Denn er weiß jetzt ganz sicher, daß der Kurfürst die Stadt kriegen wird. Gestern war der Admiral Tromp von den Holländern im Lager, der hat die schwedische Flotte geschlagen; und der dänische Gesandte ist da, und die Dänen haben Rügen genommen und gehen auf Stralsund; und der Kurfürst kriegt noch dänischen Succurs, etliche tausend Mann. Und nun hängt der Lutz den Kopf, daß der Herr Kurfürst ihn von Rechtswegen garnicht mehr brauchen könnt', und hier wär' er grad' nöthig; und es könnt' Einer denken, er wär' barum aus der Stadt desertirt, weil der Kurfürst siegen würd' und er das vorher gewußt hätt'. Aber nu wieder zurückdesertiren, das ging ihm denn doch gegen den Strich, das wär' keine Ehre und schickte sich auch garnicht. Und dem Herrn Hauptmann möcht' er's auch nicht gern anthun, außer wenn der selbst sagte, das wär' ganz in der Ordnung, er sollt's man thun. Und ob es der Herr Hauptmann vielleicht gar selber thäte? Das alles soll ich fragen, und ebenso auch und ganz besonders, was Herr Wichenhagen dazu sagte. Und darum bitt' ich jetzt recht sehr, daß Sie beide mir Bescheid sagen, denn es ist ein wahres Elend, den armen Kerl sich so zergrübeln zu sehen; denn das ist er nicht gewöhnt, und es ist auch nicht sein Fach."

„O jammervolle Zerrissenheit der Vaterlandes!" sagte Beienburg düster, „daß in einer schlichten und ehrlichen Seele solche Zweifel sich regen können! Und ich? Wie steht es mit mir? Weiß ich dem Manne Bescheid zu geben? Wer erleuchtet mich selbst?"

„Er soll auf seinem Posten bleiben!" sagte Wichenhagen schnell, „Dortchen, bestelle ihm das. Er hätte ihn nie verlassen sollen. Was man thut, muß man ganz thun — wenn mir recht ist, war das seine eigene Weisheit. Und ich glaube sehr ernstlich, das ist aller Weisheit Anfang und Ende."

Dortchen machte ein ziemlich betrübtes Gesicht.

„Ich hätt' ihn doch lieber hier bei mir gehabt," sagte sie weinerlich.

„Laß man sein, Dortchen," tröstete Pust, „ich schaff' Dich wieder 'raus zu ihm; ich kenn' die Schliche."

„Aber ich darf ja nicht," seufzte Dortchen, „er hat mir's verboten. Einer von uns beiden wenigstens soll in der Stadt sein und sich da nützlich machen, damit sich das so wenigstens ein bißchen ausgleicht und die Stadt nicht ganz zu kurz kommt."

„Sieh mal an," sagte Pust, „das ist ja ein ordentlicher Mensch bei all seiner Verdrehtheit. Ich find' das auch am richtigsten, Dortchen, daß Du Dich erst mal ein bißchen von ihm erobern läßt. Du hast ihm das im Anfang viel zu bequem gemacht, davon ist er großschnäuzig geworden und untersteht sich, Dir was zu verbieten. Und ein bißchen Trennung ist auch immer ganz gut, die frischt die Liebe auf: da trau Du 'nem alten Seefahrer."

„Schön," sagte Dortchen entschlossen, „er bleibt also draußen. Ich geh' jetzt und steck' ihm meine Zeichen aus."

„Was für ein Zeichen?" fragte Pust neugierig.

„Auf der Kaggenbastion soll ich 'nen Besen aufstecken und einen Schuh daran hängen," erklärte Dortchen, „das heißt: er soll im Lager bleiben."

„Nu bitt' ich einen Menschen," ist das 'ne Art Blumensprache!" rief Pust kopfschüttelnd, „aber sag mal, Mädchen, hast Du da draußen bei den Branden=

burgern wenigstens gelernt, ein bißchen mit Pferden umzugehen? Dann hab' ich 'ne Gelegenheit, daß Du Dich wirklich in der Stadt nützlich machen kannst. Denn das sollst Du ja doch."

„Ich mit Pferden?" rief sie entrüstet, „Pust, ich bin doch Dein Pathenkind!"

Er kratzte sich verlegen den Kopf.

„Ja, wenn Du darin so streng' bist," sagte er langsam, „dann lassen wir's lieber. Dann bleibt's ein Geheimniß. Und aus der Hand frißt's auch so schon. — Und jetzt will ich auch löschen helfen; der Herr Hauptmann, seh' ich, ist schon wieder an der Arbeit. Und da kommen sie alle in hellen Haufen. Grab' zur rechten Zeit, daß es nichts mehr nützt. Aber ein ordentlicher Mensch muß immer dabei sein, wo geschossen und gespritzt wird. — Wo ist Jürg geblieben? Hast Du nicht gesehen, Dortchen?"

„Eben geht er zum alten Tobias," sagte Dortchen, auf den Eingang der Schmiede deutend; und sie machte sich von bannen. —

„Jung'," rief Tobias seinem Enkel entgegen, „das Stück ist mir aber ein bißchen zu stark. Mit dem Feuer gespielt hast Du ja als Kind schon immer gern, und das ist auch wohl 'ne Erbschaft. Aber so sein Haus 'runterzubrennen, bloß um die bummen Kerle mit dem Feuerwerk zu verblenden: da spiel' ich nicht mehr mit. Spaß versteh' ich, aber keine Verrücktheit."

„Es ist meine Hochzeitsfackel," sagte Jürg ernst, „ich lernte von Ursula: auf die Menschen kommt es an. Ich verlor ein Haus und gewann tausend Menschen. Einen glücklicheren Tausch habe ich noch niemals gemacht."

Der Alte brummte ein Weniges vor sich hin; dann sprach er wieder in seiner behaglichen Art:

„Na, soweit wenigstens laß' ich mir's gefallen, daß Du Dich mit ihr wieder vertragen hast. Gewußt hab' ich's ja immer: so auf die Dauer konnt'st Du kein Esel sein. Und eins muß ich ja sagen: Jungfer Ursula war hier und hat Alles gehört und gesehen. Und für das Gesicht, daß sie dazu gemacht hat, würd' ich Dir noch 'ne größere Dummheit verzeihen, so schön ist das gewesen. Und für 'ne Hochzeit ist jetzt grad' immer noch die allerbeste Zeit, so lang' der Kurfürst schießt. Die Leut' sagen ja, wenn's in den Brautkranz regnet, das hat 'ne gute Bedeutung: und wenn es nun Bomben sind, die es regnet, denn muß das doch wohl noch was Feineres bedeuten. Für die Flitterwochenzeit habt ihr dann meinen Keller als Staatsstube; er ist ganz mollig und schön; ein bißchen duster, aber das schad't für die erste Zeit nicht so viel. Also dafür hast Du meinen Segen. Und was Du da eben zu den Kerlen gered't hast, das hat mir auch gefallen. Und weißt Du was? Ich hab' Lust, heut Nacht mal mit auf die Wache zu ziehen; die Leute werden rar in den Compagnien, man muß sachte für Ersatz sorgen."

„Großvater!" rief Jürg warnend, „Du bist siebenundsiebzig Jahre alt."

„Also darf ich nicht lang mehr warten," sprach Tobias gelassen, „sonst wird es zu spät. — Du, da kommt der Schiffer Pust schon wieder; der schnauft so, der will was von Dir."

„Ja, Jürg," begann Pust eifrig, „die kurfürstliche Galeere im Dunsch) — ich renne eben zum Bollwerk mit meiner Wasserkufe, und da seh' ich's: sie ist weiter nach links gerückt, näher an Land, ich weiß nicht, ob vom Wind oder mit Absicht; aber wir können sie jetzt fassen, sie liegt uns so grade recht; die Spitze vom Bleichholm deckt uns, bis wir ganz 'ran sind. Wir können alles machen, wie Du Dir das ausgedacht hatt'st; die zwei großen Prähme mit den vier Karthaunen drauf und dazu ein Dutzend Böte mit Musketen. Bis Abend können wir alles einrichten; sowie es dunkel wird, brechen wir dann los. Du bist doch auch der Meinung, daß wir das benutzen müssen?"

Jürg that einen leisen Seufzer.

„Heute hätte der Wind die Galeere allenfalls in Ruhe lassen können, ich hätt' es nicht übel genommen," sagte er etwas bedrückt.

„Wenn's Dir kein Vergnügen macht, brauchst

Du nicht dabei zu sein," bemerkte Puft schnell, „wir machen's auch allein. Heut find' ich Leute genug, die mit Freuden mitgehen; sie sind flott in der Stimmung. Ich hatt' mir bloß gedacht, dies wär' grade so was für Deinen Schnabel, und das wollt' ich Dir gönnen."

„Für meinen Schnabel ist es," fiel Tobias plötzlich ein, „ich geh' mit; der Jürg soll hier bleiben und mein Haus hüten."

„Großvater," warnte Jürg, „ich kann es nicht verantworten, Dich da mitzunehmen; dies geht über Deine Kräfte."

„Halt's Maul," rief der Alte, „meine Kräfte kenn' ich selbst. Wenn die andern Esel Dir aufs Wort gehorchen, ich thu's nicht: ich bin Dein Groß=vater. Und ich sag' bloß: ich will auch mal mit dem Feuer spielen; und Feuer wird's geben. Bloß von Mitnehmen hab' ich nichts gesagt: Du sollst eben zu Hause bleiben."

„Thät' ich wahrlich von Herzen gern," erwiderte Jürg seufzend, „und es ging' auch sonst ohne mich: nur grade heut nicht. Ich hab' heut etwas viele Worte gemacht; da müssen auch Thaten folgen, sonst denken die Leute, es waren leere Worte. Es geht nicht anders."

„Na, wenn Du meinst, gehen wir beide zu=sammen," rief Tobias entschlossen, „es wird mir auch Spaß machen, mal aus der Nähe zuzusehen, wie Dir so was von der Hand geht. Ich will hoffen, besser als das Schmieden, dazu warst Du immer zu faul, das ist Dir zu feine Arbeit. Da kannst Du auch von Deiner Frau noch was lernen. Und jetzt lauf' und hol' sie, daß ich mal wieder was Hübsches ins Haus krieg'; so was brauch' ich in meinen Jahren. — Und wenn Du da drüben bei Deinem Herrn Rektor vorbei kommst," fügte er lachend hinzu, „dann stoß' ihn mal ein bißchen an; vielleicht daß er doch noch lebt; seit 'ner halben Stunde steht er da wie 'ne Stange Eisen, die kalt geworden ist."

So stand der Rektor Bambamius wirklich; starr und steif wie aus Erz gegossen; nur sein strenges Antlitz hob sich manchmal wirr staunend aufwärts dem Flammenherde entgegen und senkte sich dann wieder tief sinnend dem Erdboden zu.

Seine Schüler standen anfangs genau in der gleichen Haltung, auf die Dauer aber hielten sie es nicht aus, sondern zogen sich vorsichtig hinter seinem Rücken Schritt für Schritt immer weiter von ihm zurück, bis sie sich endlich sicher genug fühlten, mit leisen Püffen und Rippenstößen wider einander vor=
zugehen. Und als immer noch nicht der leiseste Ord=
nungsruf ihnen Einhalt gebot, theilten sie sich am Ende regelrecht in zwei Heerhaufen, die Kurfürst=

lichen und die Stettiner, und begonnen die geordnete Feldschlacht.

Unterdessen nahte dem gedankenbeschwerten Bambamius der Bürgermeister Schwellengrebel und redete ihn an:

„So sehe ich denn auch Sie, mein werther Herr Rektor, betroffen und versunken und ohne Zweifel beschäftigt mit demselben Vorfall, der auch mir Anlaß zu vielem Nachdenken giebt. Ich sah Sie schon lange, allein meine Pflicht hielt mich bisher bei den Löschmannschaften fest; jetzo beginnt, wie auch Sie bemerken werden, der Brand bereits nachzulassen, zum mindesten ist keine Gefahr mehr, daß er weiter um sich greife: für dies Haus selbst aber mag der Besitzer die Verantwortung tragen. Nun, was sagen Sie zu diesem Menschen, seiner That und seinen Worten?"

„Ich kann nur sagen: ich staune über beides und bewundere beides," entgegnete Bambamius langsam und gewichtig.

Der Bürgermeister räusperte sich. „In gewissem Sinne, nun ja, gern zugegeben: die Worte zumal erscheinen nicht ohne Sinn und Bedeutung, sie funkeln gleichsam und blenden: jedennoch werden Sie am wenigsten verkennen, daß sie keineswegs in allen Punkten zu billigen sind. Oder Sie müßten Ihre Gesinnungen gewaltig geändert haben."

„Mir ist zu Muthe wie einem Gärtner," versetzte der Rektor, „der ein Reislein einsenkte in einen fetten Boden, wähnend, es solle ein ehrbarer Himbeer- oder Stachelbeerstrauch daraus emporwachsen: und siehe, als die Zeit erfüllet war, ist ein viel köstlicherer Weinstock daraus geworden. Ganz so ist es mit Wichenhagens Worten mir ergangen."

„Das nimmt mich doch wunder," sagte bedenklich der Bürgermeister nach einem abermaligen Räuspern, „daß Sie sich so leichtlich dieser jungen Weisheit ergeben. Mir scheint es selbiger doch nicht an Irrthümern und Lücken zu fehlen. Zuvörderst hat Redner durchaus vergessen hervorzuheben, daß der Brandenburger und der Schwede hier nicht um des Kaisers Bart streiten noch um ein Zankäpflein, noch um ein Linsengericht, und daß keinem von beiden recht gedient ist, wenn die Zahl seiner Unterthanen sich vermehrt um einen Haufen nackender Hungerleider, nicht aber um Männer von gegründetem Besitz, die eben darum die gebornen Anhänger fester Ordnung und jedes Thrones sichere Stütze sind. Ist es doch der Besitz, der den Menschen zu allermeist über das liebe Vieh erhebt und der Gesittung zuführt —"

„Ach, wehe mir!" unterbrach ihn der Rektor, „soll ich nackender Mann hinausgestoßen werden zu den Thieren des Feldes? Denn wie sollte ich denn etwelchen Besitz nachweisen können? War doch das Haus nicht mein, darin ich wohnte, noch der Tisch, an dem ich saß, noch das Bett, in dem ich schlummerte: alles das gehörte, auch ehe es die Bomben vernichteten, dem löblichen Rath, meinem gestrengen Brotherrn: mein eigen war nichts als etliche wenige Bücher und der Trost meines Herzens, die herrlichen Weinstöcke, von dieser Hand gepflanzt und gezogen. Bin ich also jeglichen Besitzes baar, so muß es denn freilich auch um meine Gesittung recht übel bestellt sein."

„Sie spotten meiner!" rief Schwellengrebel eifrig, „Sie sind ein Gelehrter, das ist etwas Anders. Ihr Gut liegt in Ihrem Kopfe."

„Dann doch weit mehr in dieser Hand, die den baculum schwingt," berichtigte der Rektor, „denn dem erweisen die Schlingel ungleich größere Ehrfurcht als aller Weisheit. In seiner Hand trägt aber auch jeglicher gemeine Mann von den Zünften sein redlich Gut."

„Das soll nicht geleugnet werden," sagte der Bürgermeister, „gleichwohl ist's ein bedenklich Wesen um den gemeinen Mann, wenn er nicht im Zügel der Obrigkeit steht, sondern blindlings seine eignen Wege dahinfährt. Und das ist's, was wir Wichenhagen zu Recht vorwerfen, auch heute: er mißleitet die Bürger, er mißachtet die Obrigkeit, seine Rede klingt schrill nach Unordnung und Aufruhr."

„Das hat einen Anschein der Wahrheit," gab Bambamius zu, „doch ist darauf zu sagen: als vor hundertfünfzig Jahren Martinus Luther zu Wittenberg aufstand, geschah's auch nicht ohne einen Anschein des Aufruhrs wider Kaiser und Papst, seine rechtmäßigen Obrigkeiten. Und als etliche Jahre darnach seine reine evangelische Lehre durch Johannes Buggenhagen und seine tapfern Genossen in unsern pommerschen Städten verkündet ward, da war es nicht unser Herzog, der die neue Wahrheit willfährig aufnahm, und nicht unser Rath, sondern die Zünfte waren's, die haben sich gewaltsam dafür ins Zeug gelegt, und die haben's erzwungen. Woraus zu ersehen, daß jezuweilen auch der gemeine Mann ohne seine Obrigkeit und auch wider sie etwas Gutes erwirken kann. Das wird aber allemal dann geschehen, wenn die hohe Obrigkeit selber ein wenig geschlafen hat."

„Herr Rektor, Sie werden boshaft und kränkend!" rief Schwellengrebel vorwurfsvoll.

„Nicht doch! Nicht doch!" beschwichtigte Bambamius, „Schlafen ist keine Sünde. Auch der gute Homer schläft bisweilen. Ja, über den Versen des großen Opitz selbst ist es mir nicht ganz selten geschehen, daß ich unvermerkt eingeschlafen bin: woraus ich dann schließe, daß beim Verfertigen eben dieser Verse der treffliche Poet auch selber geschlafen hat.

Bonus dormitat Opitzius. Was wir aber einem so großen ingenium willig nachsehen, sollte es einer ehrbaren Obrigkeit zur Schande gereichen können? Wir sind allzumal Sünder. Auch ich lag in einem Halbschlummer und will freudig bekennen, daß mein Schüler Wichenhagen mich erst zur völligen Einsicht erweckt hat. Und doch will ich stolz darauf bleiben, daß er mein Schüler ist. Er selbst wird es nicht leugnen wollen. Kein besserer Ruhm für den Meister, als wenn der Jünger über ihn hinauswächst. — — Um Gottes willen, Herr Bürgermeister, hören Sie das Geschrei? Da muß ein Unglück geschehen sein!"

Auch Schwellengrebel horchte erschrocken auf. Von der Brandstätte her klang eine Unruhe herüber, ein verworrenes Rufen und Rennen. Die beiden Männer näherten sich dem Ringe der Löschmannschaften.

„Was ist geschehen?"

„Es soll Jemand erschlagen sein. Ein Mauerstück ist ihm auf den Kopf gefallen."

„Wer ist es? Ist er todt?"

„Ja, der ist hin; dem thut kein Zahn mehr weh," rief Böttcher Eickstädt herüber. „Schad' drum, er hat hier beim Feuer heut das Beste gethan, bloß sehr unvorsichtig; ein toller Draufgänger."

„Dann doppelt schade," meinte der Rektor, „er wäre besser vor dem Feinde gefallen."

„Das könnten wir doch nicht wünschen," versetzte Eickstädt, „denn wir hätten das besorgen müssen, ihn kalt zu machen, und das hätt' heiße Arbeit sein können. Es ist ein Kurfürstlicher."

„Herr des Himmels — doch nicht Beienburg?" schrie der Rektor entsetzt.

„So grade hat er geheißen," bestätigte Eickstädt, „ein Stettiner Kind."

„Gott sei seiner armen Seele gnädig!" stöhnte Bambamius.

Das Gedränge theilte sich, und mehrere Bürger trugen den Leichnam über den Platz. Sein Hinterkopf war zerschmettert; das unverletzte Gesicht zeigte ganz friedliche Züge.

Der Rektor betrachtete ihn in tiefer Bewegung.

„Auch der war mein Schüler," sagte er traurig, „und fürwahr kein schlechter. Nur das Glück zu finden, hat er nie gelernt — oder doch erst heute. Ihm war vergönnt zu sterben, wie er gern lebend gewirkt hätte: im Dienste seiner Heimath, und dem deutschen Vaterlande doch nicht zum Schaden. Die Stadt soll ihn ehren, ob er gleich ihr Feind schien."

„Ich werde Anordnungen treffen," erklärte der Bürgermeister, „daß ihm von der Stadt ein Begräbniß mit allen Ehren zu Theil werde. Bringt ihn einstweilen aufs Rathhaus, Leute."

Zweiundvierzigstes Kapitel.

Die Dämmerung war vorüber, volle Dunkelheit hereingebrochen. Die Nacht war mondlos, sternenklar, von mattem Schimmer.

Auf dem Bollwerk an der Baumbrücke herrschte ein lebhaftes Treiben. Zwei große Prähme, je mit zwei Karthaunen besetzt, dazu eine große Anzahl kleiner Böte lagen zur Abfahrt bereit. Sie trugen etwa hundert Mann Besatzung, nicht zum kleinsten Theile Schiffer und Bootsfahrer von Gewerbe.

Trotz alles rennenden Eifers und aller Wucht der Bewegungen ging es sehr geräuschlos zu; Fluchen und Schimpfen gab es wohl genug, doch immer mit gedämpfter und mehr knurrender Stimme.

Jürg Wichenhagen schritt unablässig auf und nieder und ermahnte mit Gebärden und halblauten Worten zur Ruhe. Am schwersten gelang ihm das bei seinem Großvater, der mit leidenschaftlichem Feuer und übersprudelnder Heiterkeit bei der Sache war.

„Schade, schade, daß man den ganzen Rummel nicht mit Freudenschüssen anfangen kann!" rief der in aufgeregtem Uebermuth, „und hübsche bunte Lichter gehörten von Rechtswegen auch mit dazu. Dies trübselige Gethue ist schauderhaft langweilig. Kinder, wieviel lustiger war das, als Ihr zu Pfingsten hier abschwirrtet mit allem Lärm und Halloh und mit Fahnen und Kränzen. Na, wenn wir zurückkommen, soll es ganz anders rasseln und dröhnen."

So rief er, und seine Stimme erdröhnte gleich mäßigen Freudenschüssen.

„Alter, jetzt aber hältst Du das Maul!" zischte Pust wüthend, „glaubst Du, die Kerls drüben auf der Galeere tragen Watte in den Ohren? Wenn Du nicht gleich still bist, packen wir Dich selbst in Watte und binden Dich aufs Bett, und Du bleibst zu Hause."

„Ach was," brummte Tobias, „ohne Lärm kein Vergnügen, und ohne Vergnügen schlägt man sich nicht richtig."

Aber er wurde doch ruhig, sprang in sein Boot und plätscherte vorläufig grimmig mit den Riemen.

Inzwischen trat an Jürg zu dessen nicht geringem Erstaunen der Rektor Bambamius heran, umgeben von einer Schülerschar.

„Herr Wichenhagen," begann er feierlich, „es ziemt der Jugend, auch wo sie die Thaten der Männer noch nicht theilen kann, doch nicht in trägem Gleichmuth bei Seite zu stehen. Es steht ein Kampf bevor; ich und diese Jünglinge nahen mit der Bitte, daß Sie uns theilnehmen lassen an diesem Unternehmen, wenn zwar nicht als Mitkämpfer, wozu wir nicht taugen, so doch als ernste Betrachter des erhabenen Schauspiels."

„Das ist ein seltsames und überraschendes Begehren, Herr Rektor," sprach Jürg verwundert, „zumal von Ihnen hätte ich es am wenigsten erwartet. Denn zum ersten haben Sie das Ziel unsers Kampfes noch immer herzlich gemißbilligt —"

„Man kann seine Meinung wandeln und zuweilen auch im Alter noch von einem Jüngeren lernen," fiel Bambamius ein.

„Zum andern aber," fuhr Wichenhagen fort, „pflegten Sie sonst den strengen Unterricht Ihrer Schüler mit mehr Eifer zu fördern als daran müßiges Vergnügen des Zuschauens und Gaffens."

„Dies Vergnügen ist Unterricht!" rief der Rektor mit großem Nachdruck, „und der beste und edelste zwar. Hat nicht unser trefflicher Meister Johann Amos Comenius mit Ernst bewiesen, viel besser sei die Lehre durch die Augen als durch die Ohren? Berufet er sich nicht auf Plautum: mehr gelte ein Augenzeuge denn zehn Ohrenzeugen? Man gebe der Jugend nicht Schatten der Dinge, sondern die Dinge selbst, daß sie ihren Sinnen sich einprägen und ihre Einbildung entzünden! Jegliche Begebenheit, die man schauend selber erlebt, prägt sich dem Geiste unvergeßlicher ein, als die man hundert Mal von Andern erzählen hörte. Also Comenius. Und nach dieser Weisheit will ich handeln. Meine Jünglinge sollen einen Heldenkampf schauen mit eigenen Augen; daran werden sie später, wenn ihre Arme tüchtig geworden sind, ein dauerhaft Beispiel haben und sich selbst zum Muster geben. Und so Gott will, werden sie dann auf gradem Wege für ihr deutsches Vaterland streiten, nicht mehr, wie es jetzt noch geschehen muß, auf einem seltsamen Umwege."

„Das ist groß und schön gedacht, mein verehrter Herr Rektor," sagte Jürg freudig angeregt, „doch muß ich eins zu bedenken geben: ein Zuschauen aus der Nähe kann nicht ohne Gefahr geschehen: wollen Sie es verantworten, das Leben Ihrer Schüler den umirrenden Kugeln auszusetzen?"

„Ja," versetzte Bambamius mit schwerem Ernst, „es muß etwas gewagt werden, wenn es gilt Männer zu erziehen; es muß auch ein junges Leben gewagt werden. Von früh auf soll man den Muth des Jünglings stählen — es kann sonst geschehen," fügte er mit einem starken Seufzer hinzu, „daß er in den Mannesjahren elendiglich versagt."

„Sie haben mich überzeugt, Herr Rektor," sagte Jürg mit stiller Begeisterung, „ich will Ihnen Gelegenheit geben, Ihr Vorhaben auszuführen. Schiffer Pust fährt binnen Kurzem hinüber nach einem Holz=

hofe jenseits des Dunzig, um von dort aus die feindliche Galeere zu beobachten und uns ein Zeichen zu geben, wenn es Zeit ist zum Angriff. Der mag Ihre Schüler mitnehmen; sie werden dort gut sehen können, was vorgeht, und sind doch nicht in allzu großer Gefahr. Doch schärfen Sie ihnen ein, sich gute Deckung zu suchen, vor Allem aber tiefstes Schweigen zu wahren; können Sie uns das verbürgen?"

„Meine Schüler reden, wo sie reden sollen, und schweigen, wo sie schweigen sollen," entgegnete der Rektor mit grimmiger Würde.

Jürg schüttelte ihm die Hand und wandte sich weiter. Als er Pusten traf, sagte er dem Bescheid und empfahl ihm den Rektor und die Seinen.

„Was?" rief der Schiffer, „den Musjöh Unbedarft? Du, da hab' ich doch Angst, es könnt' ein Unglück geben."

„Bei gehöriger Vorsicht," bemerkte Jürg, „ist nicht allzu viel zu fürchten."

„So was mein' ich doch nicht," entgegnete Pust, „ich mein' bloß, der Schulmeister könnt' mich unter die Fuchtel nehmen und mir Latein beibringen. Und dann ist's vorbei mit mir: zu Lande geht ja alles, aber auf See ist man nicht mehr zu brauchen, wenn man mal dumm geworden ist."

Jürg lachte.

„Lach' nicht," sagte Puſt, „geh' lieber in Dich. Ich hab's jetzt längſt 'raus, woher all das Zeug gekommen iſt, das Dich bis heute in Deinem Hirn= kaſten ſo gequält hat: das kommt bloß aus dem Lateiniſchen, womit ſie in Deiner Kindheit Dich auch vergiftet haben."

„Nein, Puſt, dies kam gewiß und wahrhaftig grade aus dem Deutſchen," ſagte Jürg heiter.

„Na, denn aber aus eurem Alamode=Deutſchen mit Gedichten und Redensarten und ſolchem Kram: das iſt grade ſo ſchlimm," ſagte Puſt verächtlich. „Und da iſt dieſer Rektor grade der Hauptracker, das weiß ich. Der läßt mich ein Gedicht herſagen, und ich geb euch vor Angſt nachher falſche Signale."

„Puſt, Du haſt überhaupt bloß Angſt vor dem Herrn Rektor," ſagte Jürg, „und da haſt Du auch Grund. Aber ſei ganz ruhig: er geht garnicht mit. Er bringt nur ſeine Schüler."

„So — ja, das iſt was anders," rief Puſt er= leichtert. „Dann mit Vergnügen. Mit den Jungens werd' ich ſchon fertig. Die ſollen nicht muckſen."

„Glaub' ich," ſagte Jürg. „Abgemacht alſo. In einer Viertelſtunde fährſt Du; wir gleichzeitig und legen uns hinter den Bleichholm, bis Du uns das Zeichen giebſt. — Ich ſpring' inzwiſchen auf eine Minute hinauf zu meiner Braut, um Abſchied zu nehmen. Und dann drauf los!"

Er schritt sehr eilig die engen Gassen nach der Frauenstraße hinauf und betrat die Treppe des Bernhagen'schen Kellers. Ehe er die untere Thür öffnete, vernahm er schon Margarethens und Ursulas Stimmen in lebhafter Wechselrede. Mit freudigem Herzklopfen blieb er stehen und lauschte.

„Nein, die Rathssitzung muß längst zu Ende sein," sagte Margarethe in ärgerlichem Ton, „ich kenne ihn ganz genau; er läuft jetzt bloß noch auf den Straßen herum und wittert nach Neuigkeiten. Nie kann er rechtzeitig nach Hause kommen. Und ich erlebe es noch, daß ihn eine Bombe erschlägt. Es ist zu schrecklich."

Ihre Stimme klang jetzt sehr ins Weinerliche hinüber.

„Dies Schicksal kann freilich jetzt Jeden treffen," sagte Ursula ernst.

„Ja, aber man braucht es doch nicht aus reinem Uebermuth aufzusuchen!" rief Margarethe.

„Er thut es doch nur seinem Buche zu Liebe," wandte Ursula ein.

„Das ist eben der Unsinn!" sprach Margarethe heftig, „wenn Einer Thaten zu thun hat, muß man sich schließlich darein ergeben, daß der Mann sich in Gefahr bringt — scheußlich ist es aber doch immer, und ich bin recht froh, daß meiner nicht so als Kriegsheld durch die Welt läuft."

„Er ist am Ende doch auch ein Held in seinem muthigen Eifer," meinte Ursula nachdenklich.

„Ja, wie die Geis, der es zu wohl im Stall ist und die darum aufs Eis läuft," spottete Margarethe, „Thaten lasse ich mir gefallen, aber die hinterher mit dem Aufschreiben bloß wiederzukäuen, das ist doch nicht werth, daß wir armen Frauen uns darum halb todt ängstigen müssen."

„Mir scheint doch, Dein Mann hat Recht," warf Ursula ein, „jede That wird erst herrlich erhöht und geadelt, wenn sie der Nachwelt überliefert wird, daß künftige Geschlechter sich an ihr ein Muster nehmen und also die eine schöne That gleichsam die Stammmutter wird vieler Geschlechter von Thaten. So hat er noch heute erklärt, und das gefiel mir."

„Ausreden hat Jeder," urtheilte Margarethe, „wenn alle Stricke reißen, muß die Nachwelt dran."

Jürg öffnete die Thür und trat freudig hinein.

„Ich komme nur meinen Urlaub zu erbitten", sagte er, rasch auf Ursula zutretend.

„Das heißt," lachte Margarethe, „der greuliche Schiffer Pust sitzt hinten im Keller und hat mir ein Geheimniß anzuvertrauen. Er wird mir verrathen wollen, was junge Ehegatten bei solchem Abschied mit einander zu reden haben."

Sie machte Miene in den Hintergrund zu entweichen.

„Bleiben Sie nur," sagte Jürg lächelnd, „meine Minute ist schon vorüber."

Ursula legte still den Kopf an seine Schulter.

„Wenn es sein muß, geh!" flüsterte sie ihm zu, „aber komm mir wieder."

„Ich bin Dir's schuldig zu gehen," sagte er ruhig, „Du brauchst einen Mann, der seinen Worten nachlebt. Und daß ich wiederkomme, dafür wird Deine Liebe sorgen; die wird mich umschweben und im Kampf beschützen. Und wenn Du mich wieder mit einem Kranze empfangen willst, so laß es keinen Lorbeer sein, sondern etwas Lieberes."

„Eine Rose mit ehrlichen Dornen daran," sprach Frau Margarethe, „die dürfen nicht fehlen. Besser Thränen als Gähnen."

„Mit Dornen und Thränen nimmt unser Glück seinen Anfang," sagte Ursula ernst, „und es werden nicht die letzten sein. Ich will sie dulden: Du sollst Dich ausleben und auch den Lorbeer nicht entbehren."

Mit einem heißen Kusse riß Jürg sich los und eilte ins Freie.

Er kam aus Bollwerk, sprang in ein Boot und gab das Zeichen zur Abfahrt.

Pust that das Gleiche, bemerkte aber jetzt mit Verwunderung in seinem Fahrzeuge mitten unter den Rathsschülern auch den Rektor Bambamius.

„Oho," rief er aus, „so haben wir nicht ge=

wettet. Die Fracht ist nicht deklarirt! Herr Rektor, Sie müssen wieder 'raus, ich führ' heut bloß Ballast, und dafür kann ich Sie nicht nehmen, denn das wär' 'ne Verunzierung für Ihre lateinische Ehre. Was die Herren Schüler sind, die lass' ich mir gefallen, die sind noch jung und dämlich genug, daß sie deutsch verstehen, wenn man ihnen was sagen will."

Der Rektor that einen bitterlichen Seufzer:

"Welch schmerzliche Verkennung!" sprach er, "dieser Mensch verwechselt mein Streben mit dem des Kollegen Strammius! Und das nach der Arbeit eines langen Lebens! — Schiffer Pust, fahren Sie zu und seien Sie außer Sorge; ich verstehe deutsch und auch sogar schwedisch. Von meinen Schülern aber werde ich niemals weichen, wo eine Gefahr sie bedrohen könnte. — Pust, sagen Sie ehrlich," fügte er leise mit ängstlicher Stimme hinzu, "nicht wahr, in allzu schwere Gefahren werden Sie uns nicht stürzen?"

"Na, es kann wohl sein, daß ich Einen über Bord werfen muß", versetzte Pust mit fürchterlicher Gelassenheit, "wenn wir 'ne Kugel kriegen und die uns ein Leck macht: und da kommt das schwerste Stück allemal zuerst dran. Ich glaub', Sie müssen ein schönes Gewicht haben, Herr Rektor, bei lateinischen Leuten wiegt das Kopfende doppelt."

Bambamius unterdrückte mühsam ein dumpfes Aechzen; doch behielt er Miene und Haltung in strenger Zucht, denn er beobachtete, daß der Schein einer Leuchtpfanne auf dem Bollwerk ihn den Blicken seiner Schüler erbarmungslos preisgab.

Ein leises Kichern in deren Reihen ließ ihn hastig herumfahren und zu einem scharfen „Quousque —" ansetzen; doch der Ansatz genügte; jeder Laut war verhaucht, jede Regung unterdrückt.

„Am End' ist's am besten", fügte Pust gemüthlich hinzu, „wir werfen die Partie Ladung gleich hier aus, wo das Land noch nah' ist und auch Leute, die sie vielleicht bergen können. Nachher ist es ekliger."

Und er trat dem Rektor näher und gab durch eine Armbewegung zu erkennen, daß er ihm beim Aussteigen behülflich sein wolle.

Bambamius that ein kurzes Stoßgebet; doch dann in der würdigen Art eines unschuldig Verurtheilten, der zum Galgen geführt wird:

„Ich bleibe bei meinen Schülern."

Dazu maß er Pusten mit einem stillen, strengen Blicke, vor dem dieser zurückfuhr wie vor einem bösen Zauber.

„Gott sei mir gnädig und der Klabautermann", brummte er erschrocken, „der sieht Einen ja schon an mit lateinischen Augen!"

Und er blieb nun ganz kleinlaut, setzte sich still an die Dollen und tauchte die Riemen ins Wasser.

Er ruderte schräg über die Oder und bog dann rechts in den Dunzigstrom hinein. Bald landete er an einem verlassenen Holzhofe, stieg aus und hieß seine Begleiter folgen, indem er sie durch ein leises Zischen zur Stille ermahnte.

„Jetzt vertheilt Euch in Abstände", flüsterte er, „nicht mehrere zusammen; es kann vorkommen, daß hier was 'rüberfliegt, und da ist's besser, es trifft bloß Einen als gleich einen ganzen Haufen. Und dann nehmt Deckung hinter den Balken und Holz= stößen und was da sonst so 'rumliegt. Es ist genug Vorrath."

Er sprach es, und die Jünglinge huschten hurtig auseinander, froh, den allzu nahen Blicken ihres Meisters sich entziehen zu müssen.

Bambamius sah sich plötzlich ganz einsam im Dunkeln; kein Ton regte sich ringsum, und er sah keine menschliche Gestalt mehr.

Das breite Wasser vor ihm glimmerte leise im Sternenschein; bald entdeckte er in geringer Ferne die hohen Masten der kurfürstlichen Galeere, die sich mit ihrem krausen Takelwerk schwarz und scharf von den glitzernden Lichtern des Himmels abhoben, und darunter die schweren Linien des dunkeln Schiffs= rumpfes.

Bei diesem feindseligen und gespenstischen Anblick übermannte den Rektor eine Schwäche, und er fing an, angstvoll im Kreise herumzuirren und seine Schüler oder sonst irgend etwas Menschliches zu suchen, und da er garnichts fand und das Dunkel und das Schweigen um ihn her immer fürchterlicher auf ihm lastete, verwandelte sich die Angst endlich in einen überaus heftigen pädagogischen Zorn, und er stieß einen weithin hallenden grauenhaften Schrei aus:

„Quousque tandem, abutere, Catilina, patientia nostra?"

Soweit kam er diesmal; dann erschrak er selbst vor dem Mark seiner Stimme und strebte sich zu verbergen, weit mehr noch vor Pustens ungehobelten Scheltworten, die er erwarten mußte, als vor den Kugeln des Feindes, der so garnichts von sich merken ließ. Doch ehe er irgend den kleinsten Schlupfwinkel entdeckt hatte, blitzte dicht vor ihm ein greller Pulverschein auf, daß er zischend zurücktaumelte; und kaum, daß er wieder zur Besinnung kam, hatte ihn Jemand am Kragen und schleppte ihn von bannen. Er fühlte sich dann niedergedrückt auf irgend einen Sitz und vernahm Schiffer Pustens heisere Stimme:

„So, das Signal haben Sie ja nu gegeben, Herr Rektor; und in der Zeit haben Sie's grade

richtig getroffen, das muß ich sagen, mein Pulver=
häuschen wollt' ich so wie so eben aufblitzen lassen.
Jetzt bin ich bloß neugierig, ob die Kurfürstlichen
ordentlich Latein verstehen und sich die Richtung
merken, aus der Sie gebrüllt haben, und uns 'ne
saubere Antwort 'rüber schicken; die wird dann aber
höllisch deutsch klingen, Herr Rektor, und es ist die
Frage, ob Sie das gerne hören. Na, was nicht zu
ändern ist, muß der Mensch einstecken; ducken Sie sich
ein bißchen, dann sitzen Sie ganz hübsch mollig hinter
dieser Balkenlage, noch besser als in Ihrem Keller.
Schade, daß ich das nicht auch kann; aber ich muß
hier aufpassen und wenn's noth thut, noch neue
Signale geben. Kriegen Sie bloß keinen Schreck,
wenn Sie wieder Pulver riechen; und wenn Sie
einen kriegen, dann wenigstens nicht auf lateinisch
und nicht so sehr laut. Aber wenn Sie vielleicht
Nachricht haben, daß die Brandenburger alle schwer=
hörig sind, dann brüllen Sie man immer weiter,
für mich hört sich's sehr hübsch an."

„Schiffer Pust", sagte der Rektor mit schwacher
Stimme, „ich bitte Sie, decken Sie sich hier unten
und lassen Sie mich dort oben ausspähen. Ich
trage die Schuld an einer Steigerung der Gefahr,
wenn ich recht verstehe."

„Das Ausspähen will ich Ihnen gern gönnen",
versetzte Pust, „aber das Signalgeben doch nicht.

Das ist nämlich so 'ne Sache mit dem rechts und links: daß Sie wissen, wie das beides auf Latein heißt, glaub' ich, aber daß Sie wissen, wo es ist, das glaub' ich im Leben nicht; und darauf kommt bei solchen Zeichen doch Manches an."

„Ich will gleichwohl hinaufsteigen und meinen Schülern ein Beispiel des Gleichmuths in Gefahren geben", sagte Bambamius und klomm den treppenförmig geschichteten Balkenhaufen hinauf, bis er neben Pusten darüber hinwegblickte, „ich will auch versuchen, von Ihnen in diesen Dingen etwas zu lernen, man ist niemals zu alt dazu, wie der große Solon sagt:

 Dieweil ich immerfort gar Vieles lernen mag,
 Schreit' ich getrost dahin in meines Alters Tag."

„Allgütiger Himmel", rief Pust, „jetzt macht er Gedichte. Aber ich sag' Ihnen, ich lern' sie nicht, ich will keine mehr lernen, ich kann schon viel zu viel und hab' immer ängstliche Träume davon. Ich thu's nicht, verlassen Sie sich darauf. Und wenn Sie mir hier damit Angst machen wollen, schmeiß' ich Sie über Bord."

„Schreien Sie nicht so", entgegnete Bambamius seinem Flüstern, „der Feind könnte uns hören."

„Na, Sie lernen wahrhaftig was auf Ihre alten Tage", bemerkte Pust, „und nu setzen Sie sich still hin und lernen das ganz auswendig, nachher will ich Ihnen was Neues vorsprechen."

In diesem Augenblick zerriß drüben beim Bleichholm ein greller Lichtschein die Finsterniß für eine Sekunde, und ein Donner erdröhnte. Ein zweiter, dritter, vierter Schlag folgten ganz schnell aus der gleichen Richtung, dann trat eine Ruhe ein.

"Merken Sie was? Das waren unsre Karthaunen von den Schalen", sagte Pust vergnügt, "sie sind schön 'rangekommen; jetzt möcht' ich bloß wissen, ob schon was gesessen hat. — Aber was machen Sie denn, Herr Rektor, was poltern Sie denn so? Und Sie sind ja überhaupt schon garnicht mehr hier."

"Ich war ausgeglitten", kam dessen Stimme aus der Tiefe herauf, "es muß wohl der Luftdruck gewesen sein, der mich aus dem Gleichgewicht brachte. Doch ich komme wieder hinauf, ich bin unbeschädigt; ich werde mich gewöhnen, man muß auch das lernen."

Wirklich war er nun wieder oben und spähte unerschrocken hinüber.

"Jetzt passen Sie auf", sagte Pust, "jetzt kommen unsre Kleinen."

Bambamius entdeckte auf dem Wasser schnell herhuschend eine Reihe kleiner dunkler Schattengestalten, die sich in einigem Abstand von einander auf die Galeere zu und dann in weitem Bogen um sie herumbewegten.

Doch schon erdröhnte ein erneutes und verdoppeltes Krachen: die Galeere feuerte ihre Antwort, und die Stettiner Karthaunen schossen zum zweiten Mal, doch aus einer etwas verschobenen Stellung.

Jetzt begann ein unmäßiges und nicht mehr unterbrochenes Knallen von der Galeere her und rund um sie herum; auch die kleinen Böte griffen mit wild knatterndem Musketenfeuer in den Kampf ein, das von dem hochgeschwungenen Hintertheil des Kriegsschiffes aus eine sehr lebhafte Erwiderung fand.

Doch es war leicht zu ersehen, daß dieses bei der Dunkelheit erheblich im Nachtheil war, da ihm die huschenden Böte gar kein festes Ziel boten und auch die Prähme fortfuhren, ihre Stellung, wenn auch langsamer, zu wechseln, indessen die ruhende Masse der großen Galeere auch für schlechte Schützen nicht leicht zu verfehlen sein konnte..

Da loderte plötzlich auf dem Schiffe selbst eine mächtige Flamme empor: der große Mittelmast hatte Feuer gefangen und brannte bald lichterloh wie eine riesige Kerze. Ein weitstrahlender Lichtkreis fiel über die Wasserfläche bis zu beiden Ufern und enthüllte die Stellung der Prähme und die schwirrende Masse der kleinen Fahrzeuge.

Die Galeere spie ihr Geschütz- und Musketenfeuer nunmehr mit ruhigerem Eifer und sichtlich mit besserem Erfolge: in die lange Reihe der Stettinischen Böte kam eine Unruhe, und die meisten begannen langsam nach rückwärts aus der Kette zu entweichen. Nur die Prähme hielten noch festen Stand und feuerten unabläsfig, obgleich sie zweifellos am meisten zu leiden hatten.

In dieser Zeit ging eine verirrte Kanonenkugel dicht genug über die Köpfe der beiden Zuschauer hin, daß sie ihr sonderbares Summen sehr kräftig vernahmen. Pust ließ einen kurzen Fluch hören, Bambamius ein lang anhaltendes Stöhnen, doch behauptete auch dieser seinen Posten, nur daß er sich anfangs etwas tiefer duckte.

„Haben Sie was abgekriegt?" fragte Pust endlich, als das Stöhnen immer noch kein Ende nahm.

„Nein, das doch nicht", erwiderte der Rektor, „das wäre ja aber auch schrecklich."

„Angenehm ist es nicht", bemerkte Pust, „aber vorkommen thut's. — Na, Jürg, es wird auch Zeit!" rief er plötzlich lebhaft. „Sehen Sie, Herr Rektor? Erkennen Sie ihn? Da stößt er eben ab von dem rechten Prahm mit seiner kleinen Boot, passen Sie auf, jetzt bringt er Zug in die Geschichte; sehen Sie bloß, wie er mit den Armen fuchtelt!

Merken Sie was, daß die Sache schief ging, wenn er jetzt nicht kam? Aber das ist es: auf den rechten Augenblick versteht er sich immer."

Die Zuschauer sahen, wie Wichenhagens Boot in beflügelter Eile an der ganzen Kette der übrigen vorüberschoß; und als er das letzte erreicht hatte, machten sie plötzlich alle zugleich eine scharfe Drehung und ruderten mit aller Kraft rund von allen Seiten grade auf die Galeere los. Diese gab auf den jähen Ansturm ihr Feuer viel hastiger und regelloser ab, bis es zuletzt fast verstummte, wie zu gleicher Zeit auch die Karthaunen von den Prähmen ihr Schießen einstellten.

Wieder sauste eine Kugel ganz dicht an den Beobachtern hin, wieder fluchte Pust, wieder stöhnte der Rektor nach einem dumpfen Aufschrei an= dauernd fort.

Pust spähte weiter in immer wachsender Auf= regung.

Jetzt waren sämmtliche Böte hart unter der hohen Schiffswand. Leitern wurden emporgeschlagen und eingehakt, Männer klommen an dem Rumpfe empor, jede einzelne Gestalt war in dem Flammen= schein deutlich zu unterscheiden.

„Hurrah, sie sind oben", schrie Pust jauchzend, „da steht Einer fest — weiß Gott, das ist der ver= fluchte Kerl, der alte Tobias! Ich erkenn' den großen Bart; nee, so was lebt nicht. Der ist der Allererste."

Auf dem Deck der Galeere geschah nun ein verworrenes Hin- und Herrennen der Mannschaft; die Kanonen verstummten völlig, und auch das Musketenfeuer erlosch nach und nach. Statt dessen drang Lärm und Geschrei des Handgemenges herüber, und dunkle Menschenknäuel wogten an Bord und schlangen sich ineinander.

Inzwischen kamen auch die Prähme heran, ankerten gleichfalls und ergossen ihre Mannschaft auf das Verdeck der Galeere. Das mußte den Sieg entscheiden. Binnen Kurzem erlahmte das Kampfgeschrei, fand endlich einen scharfen Abschluß in einem weit aushallenden Sieges- und Hurrahrufen. Die Flagge am Besanmast hing herunter, die schwedische stieg an ihre Stelle; drei letzte Kanonenschüsse verkündeten die Victoria.

Die Sieger sah man jetzt Anstalt treffen, das Feuer zu löschen. Der brennende Mast wurde gekappt und fiel ins Wasser, wie ein leichter Kienspahn verzischend. Die Gluth des Stumpfes war bald erstickt. An ihrer Stelle glänzten nunmehr zahllose kleine Lichter vom Schiffe her und auf dem Strome schwirrend durch die Nacht, Laternen und Fackeln. Nach einiger Zeit ward die so Licht-geschmückte große Galeere langsam nach der Stadt zu in Bewegung gesetzt.

"So, jetzt können wir auch sachte abfahren", sagte Pust zu dem immer noch leise stöhnenden Rektor, "wir kommen immer noch viel eher hin als das große Biest. Aber was ist Ihnen denn? Sie sitzen da ja so kümmerlich; oder eigentlich liegen Sie. Jetzt brauchten Sie aber wirklich keine Angst mehr zu haben; es ist Alles vorüber."

"Ja, Alles vorüber", sagte der Rektor mit matter Stimme, "aber auch die Angst. Es ist ganz seltsam, ich habe keine Furcht mehr."

"Das wär' auch noch schöner", versetzte Pust, "aber zum Henker, was ist denn das? Sie bluten ja, Herr Rektor, und zwar ganz scheußlich."

"Das ist nur von der Kugel, die mich gestreift hat", hauchte Bambamius, "aber es ist sehr wunderlich: ich habe mich gefürchtet vor solchem Dinge all mein Leben lang, und die Furcht war entsetzlich. Jetzt faßt mich das Schicksal, und ich finde: es ist nicht der Rede werth. Ich fühle wohl Schmerz, doch ich vermag ihn zu ertragen; ich dachte mir das schlimmer."

"Den Teufel! Nicht der Rede werth!" rief Pust auf einmal in vollem Entsetzen, "aber Sie schwimmen ja, Herr! Ihr Arm ist ja weg! Sie verbluten sich ja, Sie sind ja schon hin. Warum sagen Sie denn nichts, daß man Sie verbinden konnte? Jetzt ist es lange zu spät."

"Ich wollte Sie nicht stören bei Ihren Signalen,"

sagte der Rektor still, „und meine Schüler nicht in dem begeisternden Zuschauen. Ja, es ist schön, so etwas zu erblicken! Es bleibt ihnen ein Besitz für das Leben."

„Ja, aber Ihr Leben geht inzwischen zum Teufel!" rief Pust entrüstet, indem er versuchte ihm noch einigen Beistand zu leisten.

„Lassen Sie, guter Freund," wehrte der Verwundete ab, „es ist doch zu spät. Und es ist besser so. Mein Leben ist doch in seiner Wurzel zerstört; beachten Sie, Mann; es ist der rechte Arm."

„Ich kenne Leute, die keine Arme und keine Beine mehr haben und doch ganz vergnügt weiter leben," bemerkte Pust tröstend.

„Aber das sind keine Magister," stöhnte Bambamius, „wie sollte ich noch baculum halten? Es ist vorüber. Rufen Sie meine Schüler, Herr Pust, wenn es sein kann, ich möchte noch Abschied nehmen."

Pust ließ einen gewaltigen Ruf über den Holzplatz schallen, und die jungen Leute kamen von allen Seiten herbeigeeilt. Der Schiffer verständigte sie von dem vorgehenden Unheil und ermahnte sie zur Ruhe. Doch sie wahrten von selbst ein tief erschüttertes Schweigen, als sie langsam herantraten.

Der Rektor versuchte noch eine Ansprache zu halten, doch seine Kraft begann zu versagen. „Paete, non dolet," brachte er nur noch hervor, und dann nach einem röchelnden Schweigen:

„Ein deutsches Lied möchte ich noch hören — singt mir das Morgenlied."

Die Schüler zauderten ängstlich.

„Na, Jungens, thut ihm den Gefallen," ermahnte Pust, „— Merkwürdig, das kann nicht mal sterben ohne Latein und ohne Gedichte," brummte er vor sich hin.

Die Jünglinge begonnen erst scheu einsetzend, allmählich aus frischer Kehle in das nächtliche Dunkel hinauszusingen:

  Die Nacht, das schreckenvolle Kind,
  Die schwarze Dämmerung zerrinnt,
  Der frühe Tag sich zeiget;
  Die gold'ne Morgenröth' entspringt,
  Der Sonnen Glanz herniederbringt
  Und auf gen Himmel steiget,
    Singet, Klinget!
  Freudenlieder soll ein Jeder
    Gott zu ehren
  Aus dem Munde lassen hören.

Wohlan, mein Herz erhebe Dich
Und denke, wie der Höchste sich
Bemüht, für Dich zu wachen!
Er hat behütet diese Nacht
Vor aller Angst und Kriegesmacht,
Vor Noth und Tod uns Schwachen.
  Singet, Klinget!
Freudenlieder soll ein Jeber,
  Gott zu danken,
Schütten aus des Herzens Schranken. —

Als das Lied verklang, war der Rektor entschlafen.

Letztes Kapitel.

Frau Margarethe betrat nicht ohne Mißtrauen die von Bomben mehrfach durchlöcherte Schmiede des alten Tobias Wichenhagen und schlüpfte so schnell als möglich in den Keller hinab, dessen Eingang nicht so ganz leicht zu entdecken war. Dafür schimmerte ihr von unten ein desto freundlicherer Lichtschein entgegen. Und als sie auf der wackeligen Holztreppe gar die Tiefe erreicht hatte, gab sie einen Ausruf frohen Erstaunens von sich.

„Nein, aber wie behaglich! Das ist ja ein reines Wunder, Ursel! Wie hast Du das bloß zu Stande gebracht! Das ist ja allerliebst. O, du liebe Zeit, und was seh' ich? Das ist ja Dein Mädchenzimmer, beinahe wie es gewesen ist, alle Sachen zusammen, bloß ein bißchen anders geordnet. Da glaubt wahrhaftig kein Mensch, daß er im Keller einer ruppigen Schmiede sitzt. Aber wie ist das bloß möglich? Wie kommen die Sachen hierher?"

Ursula trat ihr mit einem hellen Lächeln entgegen.

„Auf einem kleinen Umwege kommen sie wirklich," sagte sie heiter, „aber doch einem sehr einfachen. Wichenhagen hat sie in sein Haus schaffen lassen, als meine Eltern fliehen mußten, bloß grade meine Mädchensachen, sonst nichts. Und heut, als er sein Haus geopfert hat, hat er wieder daran gedacht und sie heimlich hinausbringen lassen und dann hierher. Und das bei der Eile."

„Nun, dann verdient er wirklich ein so wohnliches Nest, das muß ich ehrlich zugeben," sagte Margarethe, „und obendrein ein so köstliches Abendbrot! Drei gebratene Hühner, keine Kleinigkeit in diesen Zeiten. Wundert mich bloß, daß die nicht gleich gebratene Eier gelegt haben; aber die sind bloß ganz gewöhnlich gekocht, wie ich sehe. Dafür aber neun Stück — was, für drei Menschen gedeckt? Gott sei Dank, daß ich nicht dieser dritte bin! Oder solltest Du in einem Anfall von falscher Rücksicht —?"

„Der Großvater Tobias muß doch mit uns essen," bedeutete sie Ursula.

„O, Du großmüthiges Geschöpf!" rief Margarethe. „Herrgott, aber wie siehst Du aus! Das ist ja das Schurzfell, das der Alte Dir damals gab, als Du schmieden lerntest! O, Du kluges Mädchen, Du weißt doch, was Dir gut steht!"

„Es war hier Alles so entsetzlich voll Staub

und Ruß," versicherte Ursula mit einem herzhaften Erröthen, „ich konnte mich garnicht anders schützen."

„Daß es Dir dabei gut steht, schadet am Ende auch nichts," bemerkte Margarethe trocken. „Schade nur, daß Du ihm nicht gleich etwas vorschmieden kannst, so wie damals. Dem Großvater gefiel das so, vielleicht daß auch der Enkel daran Geschmack fände. Und wie steht es denn mit Deinem Eisenstab?"

Ursula blickte ihr voll und fest ins Gesicht.

„Es giebt Männer, die sich selbst am besten schmieden," sagte sie freudig trotzend, „aber die brauchen ein stärkeres Feuer, als wir ihnen machen können. — Und jetzt bin ich hier fertig, jetzt will ich zu seinem Empfange gehen."

„Was? Auf die Straße? Oder gar aufs Bollwerk?" rief Margarethe überrascht, „da sind ja aber all die Menschen!"

„Mir thut Niemand etwas zu Leide," sagte Ursula stolz, „ich bin die Frau ihres Jürg Wichenhagen. Wenn Du mich begleiten willst, ist es mir noch lieber."

„Geht nicht, Liebste," behauptete Margarethe, „ich bleibe besser hier. Zum ersten habe ich hier etwas zu besorgen, was Du noch vergessen hast. Und zum zweiten hat Meister Tobias verheißen, mir ein furchtbar wichtiges Geheimniß anzuvertrauen:

und dazu möchte ich ihn doch hier erwarten. Wenn Du aber meinen Mann etwa triffst, so empfiehl ihm, sich mit der Heimkehr möglichst zu beeilen. Ich habe doch auch am Ende Rechte an ihn."

„Ich bat ihn selbst, Wichenhagen noch heut eine Mittheilung zu machen," bekannte Ursula beinahe verlegen, „wegen der heutigen Rathssitzung und des dort entworfenen Schreibens. Es ist mir so, es könnte doch sein, daß der etwas dagegen einzuwenden hätte."

„Aber liebste Frau Naseweis, was geht Dich denn das an?" fragte Margarethe. „Du hast doch für das Wohl der Stadt, Gottlob, nicht zu sorgen."

„Gottlob, nein," erwiderte Ursula, „aber für sein Wohl. Und das geht zur Zeit damit enge zusammen."

„Und wirklich in dem Lederschurz willst Du ihn empfangen? Könnte er nicht einen Spott darin wittern?" meinte Margarethe bedenklich.

„Einen Spott?" rief Ursula freudig, „da sei ganz ruhig: er wird etwas ganz, ganz Andres darin sehen. Und das eben soll er."

„Aber doch nicht auf der Straße?"

„Nein, da verkrieche ich mich in meinen Mantel, da sieht mich überhaupt Niemand."

Sie küßte Margarethen, entzündete eine große

Wachsfackel und stieg damit die Treppe hinauf und ins Freie.

Am Bollwerk fand sie ein so erregtes Treiben, daß sie selbst darin fast ganz unbemerkt blieb. Fragen und Zurufe schwirrten überall durcheinander. Sie vermochte langsam bis an den Rand des Wassers hindurchzuschlüpfen; da stand sie und spähte dem langsam nahenden Schiffe in zitternder Erregung entgegen.

Es war ein wundervoller Anblick, wie es so feierlich heranzog mit all den blinkenden Lichtern an Bord und auf den Raaen und unten auf den Böten, die es schwirrend umschwärmten; und darüber unbeweglich die stillen Sterne des Himmels.

Es kam näher und näher. Dicht am Bugspriet stand eine ruhige Gestalt mit einer Fackel in der Hand; sie ahnte, wer es sei. Noch einige Minuten, und sie wußte, wer es war, sie erkannte seine Haltung und bald auch seine Miene; sie sah, daß er ihr unversehrt heimkehrte.

Sie machte eine kräftige Bewegung mit ihrer Fackel, sie senkend und wieder hebend; er bemerkte es und erkannte sie; er that das Gleiche mit noch feurigerem Schwunge, daß die Funken sprühend stoben. So grüßten sich ihre flackernden Lichter sehnend aus der Ferne.

Als das Schiff nahe genug war, zog Ursula

einen Myrtenkranz unter dem Mantel hervor, schwenkte ihn leise, zielte sorgsam in ihrer kundigen Art und schleuderte ihn hinüber. Jürg riß den Degen heraus und fing den Kranz mit der Spitze.

Jetzt ließ sie ihre Fackel ins Wasser fallen, wandte sich eilig, fast fliehend herum und verschwand im Dunkel.

Die Galeere ward gelandet, und Jürg trat ans Land. Nachdem er die ersten wilden Begrüßungen der jubelnden Menge ertragen und erwidert hatte, trat der Secretarius Bernhagen mit einer gewichtigen Miene an ihn heran und bat um eine kurze Unterredung; und da er nicht eben sehr freudig darauf einging, betonte jener ernstlich:

„Frau Ursula schickt mich."

„Ja, das ist etwas Anderes," rief Jürg nun heiter, „da heißt es gehorchen. — Es ist doch nichts Schriftliches?" fügte er lachend hinzu.

„Allerdings auch das," antwortete der Secretarius.

„Dacht' ich's doch! Ihr Herren thut es nicht anders," seufzte Wichenhagen, „nun, wenn es sein muß, kommen Sie dort hinüber, da wird uns Niemand stören."

Und er zog ihn in die nächste Hafenschenke hinein, die Bernhagen nicht ohne stilles Schaudern betrat. Doch sie war zur Stunde ganz leer, selbst der Wirth war draußen; und auch sonst geschah ihm nichts Uebles.

Sie setzten sich an einen Tisch, und bei trübem Laternenschein zog der Secretarius ein Papier heraus und entfaltete es langsam.

„In der heutigen Rathssitzung," begann er zu reden, „wurden die neuen Nachrichten geprüft und erwogen. Sie lauten derart, daß für eine Thatsache zu nehmen ist, auf Ersatz sei nicht die allerfernste Aussicht mehr. Darum ist der Rath der einstimmigen Hoffnung, der Herr Kommandant werde endlich nach= geben und in einen Accord willigen —"

„Der einstimmigen Täuschung," bemerkte Jürg trocken.

„Gleichviel," fuhr Bernhagen fort, „der Rath hat daraufhin nach gemeiner Berathung allbereits ein unterthäniges Anschreiben an Seine Durchlaucht den Herrn Kurfürsten aufgesetzt, darinnen er diesen um gnädige Annahme der Stadt Alten=Stettin bittet."

„Zum Teufel, das ist rühmliche Eile und Vor= sicht!" spottete Jürg.

„Der Rath wünschte nicht von den Ereignissen übereilt zu werden," erklärte der Secretarius, „er will auf alles zuvor gerüstet sein. Darum ward dies Schreiben entworfen und von mir zu Protokoll genommen, nicht ohne vorhergehende ansehnliche

Widersprüche und Streitigkeiten über die Form und den Ausdruck. Zu allerletzt sind denn zwei fertig aufgesetzte Briefe gleichsam im Wettbewerb mit einander auf den Plan getreten. Von dem ersten, der zur Berathung kam und Anfangs von sehr Vielen eifrig unterstützt wurde, habe ich nur eine Abschrift behalten als ein specimen und curiosum, denn er ward später verworfen. Er lautete aber also:

Durchlauchtigster Churfürst!

Maßen uns anjetzo der gerechte Zorn des Himmels nach unserm Verdienen getroffen, daß wir vor Ew. Churfürstlichen Durchlaucht hochherrlichen Siegeswaffen sind elendiglich in den Staub gestreckt worden, beugen wir uns allhier vor Ew. Churfürstlichen Durchlaucht mit demüthigem, schmerzhaftem und recht bußfertigem Flehen, daß Ew. Churfürstliche Durchlaucht in Dero erhabenem Gnadenwillen mehr ansehen wolle die große Jammersnoth, in die wir nunmehro geworfen sind, denn unsere Sünde und den starken Frevel, den wir begangen haben, wie wir gar wohl wissen und herzlich bereuen, als wir uns schmählich unterfingen, den Uebermuth unserer Waffen wider Ew. Churfürstlichen Durchlaucht hochgloriöses Kriegsheer trutziglich zu erheben —"

„O, du grundgütiger Himmel!" rief Wichenhagen mit einer Gebärde der Verzweiflung, „geht das noch lange so weiter, Herr Secretarius?"

„Bei hurtigem Lesen höchstens noch ein Viertel= stündchen," versicherte Dieser, „doch wird es zum Schlusse so herzbeweglich, daß man es nicht leicht ohne Zähren vernehmen mag. Die Herren verhießen sich davon eine sonderliche Wirkung auf das Gemüth des Herrn Kurfürsten."

„O ja," höhnte Jürg grimmig, „dieselbe, als wenn er einen geprügelten Köter winseln hörte. Hat man das Original dieses Schriftstückes an den Ort getragen, wohin es gehört?"

„Ich weiß nicht, welchen Ort Sie meinen," sagte Bernhagen unschuldig, „ins Archiv kommt es nicht, denn es ist abgelehnt und keine amtliche Nieder= schrift geschehen. Dagegen dieses andere Blatt ist von amtlicher Geltung so lange, bis ich eine neue Reinschrift danach verfertigt habe."

„Muß ich das auch noch anhören?" seufzte Jürg ungeduldig. „Giebt es keine Gnade bei Ihnen?"

„Frau Ursula rieth dazu," wiederholte Bern= hagen, „und allerdings halte auch ich es für wünschens= werth, daß Sie dies lesen; es könnten plötzliche Ereignisse eintreten, selbst über Nacht; und dies Schreiben spricht nicht nur im Namen des Raths, sondern auch der Bürgerschaft: da meine ich doch, Sie müßten es rechtzeitig in Kenntniß nehmen."

„Nun, in Gottes Namen, lassen Sie den Hund heulen!" rief Wichenhagen.

„Es geht aus einem ganz andern Ton," berichtete Vernhagen, „der Bürgermeister Schwellengrebel hat es selbst entworfen, empfohlen und durchgesetzt, ausdrücklich mit der Begründung, daß eine andere Form schwerlich je die Zustimmung der Zünfte finden werde, nach den Worten zu schließen, die Sie, Herr Wichenhagen, heut auf dem Fischmarkt unter heftigem Beifall der Bürger sollen geredet haben. Eben diesen Worten habe sein Vorschlag etlichermaßen sich accommodiret."

„Das läßt sich hören," rief Jürg lebhaft aufmerkend, „lesen Sie, Herr Secretarius."

Und dieser trug vor:

Durchlauchtigster Churfürst!

Wie bisher die Pflicht, womit wir Jhro Königlichen Majestät und der Krone Schweden nach unserer an dieselbe geschehenen Uebergabe und erfolgter Huldigung verbunden gewesen, uns allerdings angetrieben hat, bei höchstvermeldeten Jhro Königlichen Majestät redlich und getreu zu handeln und unverdrossen Gut und Blut aufzusetzen: also können wir uns nicht anders vorstellen, daß Ew. Churfürstliche Durchlaucht an solchen unsern pflichtmäßigen Bezeugungen ein gnädiges Gefallen werden gehabt haben; Sondern müssen auch glauben und unzweifentlich dafür halten, daß Se. Churfürstliche Durchlaucht nach Dero wohlbekanntem Tugend-Eifer an benenjenigen, die sich zu Dero hiernächstigen Unterthanen qualificiren sollen, eine solche Probe eines künftig erforderten gleichmäßigen Benehmens verlangen; Und Sie sonst nicht würdig halten, dieselben in Dero Churfürstlichen Durchlaucht Huld und Schutz anzunehmen, ehe und bevor sie durch ein öffentliches Exempel Ew. Churfürstlichen Durchlaucht und der ganzen ehrbaren Welt erwiesen und versichert, was ihnen bei obbesagter Annehmung zu erwarten und zu hoffen sein möchte —"

„Halt!" rief Jürg, den Vorleser unterbrechend, mit einem Kopfnicken, „ich bin jetzt eingeweiht und brauche nicht weiter zu hören. Dies Anschreiben ist vortrefflich und unser würdig, und ich verbürge mich schon jetzt dafür, daß es dereinst die volle Zustimmung der Bürgerschaft erhalten werde. Nur freilich, daß es erst zur Wahrheit werde und seiner selbst nicht spotte, wird es doch gut sein, es für einige Monate in feste Verwahrung zu nehmen. Mit Ihrer Erlaubniß, Herr Secretarius —"

Er nahm Diesem mit einem kurzen Griffe das Blatt aus der Hand, zertheilte es mit einem scharfen Riß in zwei Stücke und steckte die eine Hälfte gelassen zu sich, Jenem die andere überlassend.

„Um Gott, was thun Sie, Herr Wichenhagen?" rief der Secretarius erblassend, „dies ist ein amtliches Schreibwerk, mir anvertraut —"

„Ich trage die Verantwortung," versetzte Jürg schnell, „und die scheint mir nicht eben groß. Dies Schriftstück bleibt unverloren; sobald Rath und Zünfte einig sind, es zu übergeben, setzen wir die Hälften aneinander, und Sie machen die Abschrift. Vorerst aber kann von solchen Dingen auch nicht im Versuch noch als Schreibübung die Rede sein. Unsere Wälle stehen fest, und unsere Bürger stehen fester. Wir können uns noch Monate lang schlagen, und also schlagen wir uns. Das Wort Uebergabe kennen wir noch garnicht."

Bernhagen saß eine Weile verblüfft und in schlimmer Verlegenheit.

„Möchten Sie mir nicht doch jene Hälfte zurückgeben," bat er sorgenvoll, „es genügt ja, daß ich dem Rathe Ihre Meinung vermelde; er wird ganz gewiß nichts beschließen ohne Sie und die Bürgerschaft."

„Nein," sagte Jürg bestimmt, „was ich habe, behalte ich. Es könnte doch sein, daß der Rath in einer verzagten Stunde einmal auf jenes erste Katzenjammerschreiben zurückzugreifen versucht wäre: für den Fall möchte ich ein Stück Dokument in der Hand haben, dem Rathe zu beweisen, daß er sich über sich selber täuscht, daß er stolzer und würdiger fühlt, als er zu zeigen beflissen ist. -- Und jetzt will ich zu Frau Ursula, ihr für ihre vorsorgende Klug=

heit zu danken. Leben Sie wohl, Herr Secretarius, und zürnen Sie mir nicht. Und glauben Sie mir: ich trage ganz andre Verantwortungen als diese auf meinen Schultern. Aber ich habe gelernt sie zu tragen und bleibe dabei: Herdurch mit Freuden!"

Er reichte ihm die Hand, schritt ruhig hinaus und verschwand ins Dunkel.

Einer sah ihn vorübereilen und rief ihn nicht an: das war sein Großvater Tobias. Der trieb sich noch eine Weile mit behaglichem Lächeln am Bollwerk umher, bis das Gedränge allmählich abnahm, die Lichter erloschen und endlich die letzten Bürger sich zur Ruhe begaben.

Nun stand er und betrachtete nachdenklich die dunkle Masse der eroberten Galeere; da trat als letzter Nachzügler Schiffer Pust an seine Seite und begrüßte ihn mit einem freundschaftlichen Rippenstoß.

„Ein sauber Stück Arbeit, was ihr gemacht habt," bemerkte er, „und Du, Alter, hast ja wohl Dein Meisterstück geliefert."

„Ja, weißt Du," sagte Tobias, „der Bengel wird mir sachte zu großmäulig; es war Zeit, daß ich mich mal gründlich wieder bei ihm in Respekt setzte."

„Da hast Du auch Recht," meinte Pust, „das muß man manchmal. Man darf sich die Jugend zu sehr nicht übern Kopf wachsen lassen."

„Na, was das angeht," sprach der Grobschmied langsam, „das thut sie aber doch. Ich merk' das nu immer mehr. Es ist nicht anders, die Menschheit wird mit der Zeit immer kleiner, aber immer klüger. Das kommt auch von den Frauenzimmern: die sind klein von Wuchs, aber schlaue Rackers. Und darum paſſ' ich in die neue Menschheit so recht nicht mehr rein."

„Na, das ist aber das Neueste," sagte Puſt verwundert, „solche Raupen hast Du sonst nicht im Kopf gehabt."

„Nein," versetzte Tobias, „die sind heut erst frisch ausgekrochen. Ich hab' immer geglaubt, ich würd' hundert Jahr' alt werden, weil ich das haltbare Gefühl so hatte in meinen Knochen. Aber heut die Geschichte ist mir doch sauer geworden; schon das Klettern auf das verflucht hohe Biest von Galeere war 'ne kleine Anstrengung, aber besonders nachher das Draufhauen war mir kein richtiges Vergnügen mehr; die jungen Leute thaten mir bloß leid, die so früh bran glauben mußten. Und wenn man schon solche Weichmäuligkeiten hat, denn macht man's nicht mehr lange. Es schad't auch nichts; es ist ja noch ganz hübsch mit dem Leben, aber es kommt mehr nichts dabei 'raus. — Kommst Du mit, Pust? Ich will mich ein paar Stunden noch 'rumtreiben; ich hab' heut Freinacht und will mir den Sonnenaufgang noch mal ansehen; es kann doch das letzte Mal sein."

„Ist mir recht," sagte Pust, „aber wir finden nichts mehr offen. Möglich, daß wir Seegebrechten noch 'rausklopfen können."

„Ich will bloß Luft schnappen und keinen Schnaps," entgegnete Tobias.

„Das ist auch wieder das Neueste!" rief Pust kopfschüttelnd, „und ich will Dir gleich sagen, lang' halt' ich das nicht aus; was ein Schiff ist, das muß immer in die Feuchtigkeit, an der Luft wird es spack: und ein Schiffer erst recht. Aber 'ne Weile will ich mitgehen, ich hör' Dich so gern reden."

Sie wanderten langsam mit einander durch den nächsten Thorbogen und weiter aufwärts von Straße zu Straße. Der halbe Mond erleuchtete genugsam ihren Weg; was er ihnen zeigte, waren Trümmer über Trümmern. Unversehrt war kein Haus mehr; die überhaupt noch standen, waren schnell zu zählen; die meisten waren in formlose Steinhaufen verwandelt. Ueberall roch es brandig und modrig; manchmal ringelten leise Rauchwolken sich aus den Schuttmassen empor. Wo kein Trümmerhügel die Straße über= lagerte, war sie übersäet mit scharfkantigen Eisenstücken, alle paar Schritte tief aufgewühlt, von Löchern und Spalten klaffend.

Die beiden Männer gingen schweigsam dahin;

die Beschwerde des Schreitens beschäftigte sie vollauf.

Sie kamen auf den Heumarkt; das Rathhaus stand noch aufrecht, glich aber einem zerfetzten Gewande, der schöne Giebel war verschwunden. Das Hogenholt'sche Haus war in einen wüsten Klumpen zusammengesunken.

Tobias machte Halt. Es herrschte ein großes Schweigen ringsum; nur draußen erdröhnten in langen Pausen dumpfe Kanonenschläge; zuweilen auch ein kurzes Flintengeknatter, schnell wieder verklingend.

„Ja, sieh mal," sagte Tobias ruhig, „das werden sie ja alles nachher wieder aufbauen, die Häuser und die Kirchen. Aber es ist dann doch alles anders geworden, und ich werd' mich nicht mehr auskennen unter den neuen Gebäuden. Ich kannte ja sonst jede Thür und jedes Fenster; mit den neuen werd' ich keine Freundschaft mehr schließen. Darum ist es Zeit für mich. Daß die Menschen so wegsterben, ist man ja gewöhnt; aber mit den Häusern war das sonst anders."

„Na, ich denk' doch, man kann sich gewöhnen," suchte Pust zu trösten, „ich hab' doch sogar ein paar Schiffe schon verloren und neue gekriegt und mich auch wieder dran gewöhnt. Und das geht Einem doch viel näher als solch lumpiges Haus, denn es ist gleichsam was Lebendiges, weil es sich bewegen kann und auch seine Stimme hat; aber ein Haus ist todt schon von Anfang; wenn es noch töbter wird, schab't das nicht so viel."

Der alte Tobias dachte ein wenig nach.

„Auf See mag das leichter gehen, daß man sich gewöhnt," sprach er dann weiter, „weil die Luft so frisch ist. Zu Lande geht's nicht; ich pass' nicht mehr in die neue Stadt. Und ebenso auch nicht in die neue Zeit. Das ist ganz dasselbe, ich kenn' da die Fenster und Thüren nicht. Als ich jung war, da hießen wir Pommern und hatten unsern Herzog und waren stolz darauf und konnten den Brandenburger für'n Tod nicht leiden. Und dann kam der große Krieg und das große Elend, und als wir darnach schwedisch wurden, gewöhnten wir uns leicht, denn wir dankten Gott, daß wir bloß Ruhe kriegten. Aber jetzt zum dritten Mal sich umschmieden lassen, nee, Niklas Pust, das hält ein altes Eisen nicht mehr aus. Wenn ich brandenburgisch werden soll, dann kann ich nachher auch wohl noch preußisch und mecklenburgisch werden; aber das ist mir zu viel, das geht nicht mehr in meinen Kopf. Die Jungen lernen's; darum sag' ich, die Leute werden immer klüger in der Welt."

„Wir lernen's auch noch," sagte Pust vergnügt, „bloß muß der Brandenburger das Segeln noch lernen. Aber das wird er."

Tobias seufzte und schwieg eine Weile.

„Ja, ihr auf See habt so was leichter," sagte er endlich, „das macht, weil das Wasser sich immer gleich bleibt."

„Ja, das wird es auch sein," rief Pust überrascht, „Tobias, laß man gut sein, Du bist doch immer noch klüger als die Jungen."

E n d e.

Druck von G. Bernstein in Berlin.

www.ingramcontent.com/pod-product-compliance
Lightning Source LLC
Chambersburg PA
CBHW032139230426
43672CB00011B/2392